ANTIKE UND GEGENWART

Cornelius Nepos
Berühmte Männer

bearbeitet von

Friedrich Maier

C.C. BUCHNER

ANTIKE UND GEGENWART

Lateinische Texte zur Erschließung europäischer Kultur

Herausgegeben von Prof. Dr. Friedrich Maier,
Humboldt-Universität zu Berlin

Abbildungsnachweis: Titel: Scala, Antella; 15: Lutz Bongarts / Süddeutscher Verlag Bilderdienst, München; 18: Johannes Laurentius / Bildarchiv Preußischer Kulturbesitz, Berlin; 21: Archiv für Kunst und Geschichte, Berlin; 28: Nimtallah / Archiv für Kunst und Geschichte, Berlin; 35: Erich Lessing / Archiv für Kunst und Geschichte, Berlin; 51: Pier Paolo Cito / AP – Süddeutscher Verlag Bilderdienst, München; 59 (Epaminondas): Karger-Decker / Interfoto, München; 69: Archiv für Kunst und Geschichte, Berlin; 79: Bayerische Verwaltung der staatlichen Schlösser, Gärten und Seen, München; 83: Bildarchiv Preußischer Kulturbesitz, Berlin; 85: Archiv für Kunst und Geschichte, Berlin; 88: Ullstein Bilderdienst, Berlin. Verlagsarchiv.

2. Auflage 2 654321 2012 11 10 09 08 07
Die letzte Zahl bedeutet das Jahr dieses Drucks.
Alle Drucke dieser Auflage sind, weil untereinander unverändert,
nebeneinander benutzbar.

Dieses Werk folgt der reformierten Rechtschreibung und Zeichensetzung. Ausnahmen bilden Texte, bei denen künstlerische, philologische oder lizenzrechtliche Gründe einer Änderung entgegenstehen.

www.ccbuchner.de

Lektorat: Bernd Weber
Layout und Satz: i.motion, Bamberg
Druck: creo Druck & Medienservice GmbH, Bamberg

Einbandmotiv: Raffael (1483-1520), Die Schule von Athen (Ausschnitt), Rom, Vatikan

ISBN 978-3-7661-**5969**-4

Vorwort

Welche Gestalten standen am Anfang Europas? Der Römer Cornelius Nepos hat sie zusammengestellt und ihr Leben in Kurzform beschrieben. Viele der Biografien, die er in seinem Werk *De viris illustribus* gestaltet hat, sind verloren gegangen; erhalten haben sich nur seine Viten über politisch herausragende Männer. Absicht seiner Schriftstellerei war es, die Leser zu unterhalten; doch wollte er sie gewiss auch anhand markanter Beispiele der Vergangenheit belehren. Worüber?

Über denkwürdige Ereignisse, Wendepunkte der Geschichte, Entwicklungen in Staat und Gesellschaft, an denen die beschriebenen Männer maßgeblich beteiligt waren. Nepos wollte zeigen, wie durch sie die Menschheit vorangebracht oder in Katastrophen gestürzt wurde, welche seelischen Urtriebe bei ihnen aufbrachen, von welchen Idealen sie sich leiten ließen, zu welchen Folgen ihre Stärken und Schwächen führten, welche Spannungen zwischen ihnen als Individuen und der Allgemeinheit auftraten, wie wetterwendisch sich die Stimmung der Masse ihnen gegenüber zeigte, wie schnell hier jubelnde Begeisterung in Neid und Hass umschlagen konnte, wie tragisch letztlich das Leben gerade der „großen" Männer verlief. Nepos' Biografien enden fast immer mit der Existenzkrise und einem ungewöhnlichen Tod der Hauptfiguren.

Die in diesem Band ausgewählten Biografien konzentrieren sich – in einem sehr weiten Sinne – auf das Thema „Europa". Man erfährt in ihnen von den ersten Ansätzen der Entwicklung des Kontinents zu einem verteidigenswerten Kulturraum, in dem sich von Anfang an Freiheit und Klugheit als die prägenden Werte zu erkennen gaben, in dem aber zugleich deren Gefährdung und Gefährlichkeit massiv zutage traten; Freiheitssinn entartete bei manchem zur Willkür, Klugheit zur gerissenen Schlauheit. Die von den Griechen entwickelte Staatsform der Demokratie, Europas größte politische Errungenschaft, präsentierte sich als die Möglichkeit menschlichen Zusammenlebens, die die angesprochenen Werte schon damals am stärksten jener gefährlichen Spannung aussetzte.

Nepos' Biografien sind knapp und prägnant geschrieben, mit „kernigen" Details und nicht selten mit abenteuerlichen Episoden ausgestaltet. Die Dramatik des Geschehens entfaltet sich in verschiedenen literarischen Formen: Erzählung, Bericht, Rede, Brief. Das macht die Lektüre kurzweilig und das dabei erfahrbare Wissen interessant, sofern es in einem ansprechenden Arrangement geboten wird. In dieser Ausgabe wird der Blick in die antike Welt durch Begleittexte und Bilder unterstützt. Durch Erschließungsfragen und moderne Zusatztexte wird überall die Brücke zur Gegenwart geschlagen. Solch behutsame Aktualisierung macht das Antike-Wissen zu einem „Lebenswissen" (Leo J. O. Donavan), das jungen Menschen hilft, sich mit den Problemen der eigenen Zeit verständnisvoll auseinanderzusetzen.

Prof. Dr. Friedrich Maier

Didaktische Hinweise

Diese Ausgabe möchte Nepos als Übergangs- oder (richtiger:) als Erstlektüre in einer attraktiven Aufmachung präsentieren. Dem liegt die Überzeugung zugrunde, dass nach dem Ende der Spracherwerbsphase die Schüler und Schülerinnen unbedingt mit einem Originaltext konfrontiert werden sollten. Textadaptionen und künstliche Texte verzerren oder verfälschen zu sehr den Blick in die wirkliche Welt der Antike und ihrer Literatur.

1. Schnellerer Lektürefortschritt durch die Art der Textaufbereitung
Um ein zügiges Lesen des Originaltextes zu ermöglichen und um größere Texteinheiten in der zur Verfügung stehenden Zeit zu bewältigen, ohne den Überblick über das Ganze einer Biografie zu verlieren oder die inneren und äußeren Zusammenhänge zu vergessen, sind die fünf ausgewählten Biografien in einem besonderen Textarrangement aufbereitet. Die Texte einer Biografie sind je nach dem Grad der Bedeutung für das Gesamtverständnis gewichtet und entsprechend zur Behandlung im Unterricht angeboten. Dabei gilt folgende Unterscheidung:

a) Originallektüre von Kernstellen
b) Synoptische Lektüre von für das Verständnis wichtigen Textstellen
c) Paraphrase von den Zusammenhang herstellenden Zwischentexten

Zur natürlichen Lektüreerfahrung gehört es, dass das Lesen eines Werkes (hier: einer Biografie) innerhalb einer erträglichen Zeit so abgeschlossen wird, dass sein Inhalt präsent bleibt (Was hat der Autor erzählt?) und die Aussageabsicht des Autors verstanden wird (Was hat der Autor daran zeigen wollen?). Andernfalls nehmen Spannung und Interesse sehr schnell ab; das Lektüreverfahren sollte jedoch auf jeden Fall die Motivation für eine Auseinandersetzung mit dem Nepos-Werk stabilhalten.

2. Kalkulierbarer Zeitaufwand
Aus den zur Lektüre ausgewählten Biografien sind deshalb jeweils nur so viele Textteile für den Unterricht aufbereitet, dass sich in jedem Fall die o.g. Ziele verwirklichen lassen. Als Grundsatz sollte gelten, mindestens die Hälfte von den Texten dieser Ausgabe mit den Schülerinnen und Schülern innerhalb von 2 bis 2 ½ Monaten zu lesen. Nur so kann bei ihnen der Eindruck einer gelungenen Werklektüre entstehen. Etwa folgende Zeitkalkulation scheint realistisch:

Themistokles	Alkibiades	Thrasybulos	Epaminondas	Hannibal
13-17 Std.	13-15 Std.	5-7 Std.	8-9 Std.	13-17 Std.

Bei einem Zeitansatz von 30 Lateinstunden (= 10 Wochen) ließen sich entweder zwei längere Biografien oder eine lange und die beiden kürzeren lesen. Aus didaktischen Gründen wäre es sehr zu empfehlen, über die nicht gelesenen Biografien Referate halten zu lassen.

3. Gezielte Spracharbeit zur Förderung des Lektürefortschritts

Um den Schülerinnen und Schülern das Einlesen in den Originalautor zu erleichtern, sind vier methodische Hilfen geboten:

3. 1 die konsequente Anwendung der kolometrischen Textanlage

Dadurch wird es möglich, längere Satzperioden schneller zu überschauen und sachgerecht zu analysieren. Die Hauptschwierigkeit des Übersetzens ist auf diese Weise entschärft.

3. 2 ein umfassender sub-linea-Kommentar

Dadurch werden alle nicht bekannten Wörter unmittelbar zur Verfügung gestellt sowie nicht geläufige Konstruktionen erklärt; über zu schwere Stellen wird rasch hinweggeholfen.

3. 3 eine projektorientierte Wortschatzarbeit (↗ S. 96 ff.)

Diese ermöglicht es, – getrennt nach Biografien – den für die ausgewählten Textpartien benötigten Lernwortschatz des Sprachlehrbuchs zu wiederholen und zu vertiefen. Dadurch wird ein Lernen auf Vorrat und Verdacht vermieden und die Lernmotivation nachweislich erhöht. Bei einem Wiederholungspensum von 20 LW pro Std. werden für den Wortschatz benötigt bei:

Themistokles	Alkibiades	Thrasybulos	Epaminondas	Hannibal
163 LW	215 LW	130 LW	162 LW	220 LW
ca. 8 Std.	ca. 11 Std.	ca. 6-7 Std.	ca. 8 Std.	ca. 11 Std.

Die Wortschatzlisten dienen – zumal bei Lektürebeginn – auch zum raschen Nachschlagen.

3. 4 eine projektbezogene Grammatikarbeit (↗ S. 108 ff.)

Diese ermöglicht es, alle Schwerpunkte der lateinischen Syntax ausschließlich und unmittelbar an Beispielen, die in den zur Lektüre aus Nepos ausgewählten Texten begegnen, systematisch zu wiederholen und zu vertiefen oder bei Auftreten von Schwierigkeiten eine Erscheinung an den vorgelegten Fallbeispielen nochmals zu üben. In die Lektürephase aufgeschobene Syntaxelemente werden, soweit nötig, hier erstmals vorgestellt.

4. Arbeit mit Zusatztexten und Bildmaterial

Zusatztexte aus Antike und Gegenwart wollen Anstoß dazu geben, die Thematik zu vertiefen, die beschriebenen Ereignisse aus einer anderen Perspektive – oft auch erlebnisnäher – zu erfahren und durch verschiedene Bewertungen anderer eine eigene Stellungnahme zu Autor und Text zu versuchen.

Bilder dienen nicht nur der Veranschaulichung der geschilderten Szenen; sie zeugen auch von der Wirkungsmacht des Textes und bringen die antike Welt dem Leser auch über das Auge näher. Sie ermöglichen oft den Einstieg in die Übersetzung oder Interpretation einer Textstelle. Über den ikonischen Kanal – so die Lerntheorie – gelangen die Eindrücke des Unterrichts mit sehr viel stärkerer Intensität in das Gehirn als über den echoischen.

Aus der Einheit von Text und Bild ergeben sich für die Schülerinnen und Schüler oft fruchtbare Anlässe dazu, sich selbst kreativ mit den antiken Vorgaben auseinanderzusetzen.

5. Siglen

Ⓚ Konstruktionshilfen im sub-linea-Kommentar

↗ R Registerverweise im sub-linea-Kommentar

Z Zusatztexte als Parallel- und Vergleichstexte aus Antike und Gegenwart

a Aufgabenstellungen zur Bearbeitung der Original-, Parallel- und Vergleichstexte sowie zur kreativen Auseinandersetzung mit Text und Thema

i Informationen zum Verständnis der politischen und kulturellen Hintergründe sowie der Rezeption der Texte in der Geistes- und Kulturgeschichte Europas

Informationen zu Autor und Werk

1. Cornelius Nepos

Cornelius Nepos (etwa 100-25 v. Chr.) erlebte das Ende der römischen Republik und die ersten Regierungsjahre des Kaisers Augustus. Er stammte wahrscheinlich aus Ticinum (dem heutigen Pavia) in Norditalien. Über sein Leben ist nicht viel bekannt. Er lebte zurückgezogen und widmete sich ganz seiner literarischen Tätigkeit. Sein erstes Werk – *Chronica*, eine Weltgeschichte in drei Bänden – ist nur in Fragmenten erhalten, ebenso wie sein zweites, *Exempla*, eine Sammlung beispielhafter Begebenheiten. Das Hauptwerk des Nepos ist seine Biografiensammlung *De viris illustribus*. Sie bestand aus 15 Büchern und beschrieb das Leben bedeutender Männer, Römer und Nichtrömer, geordnet nach „Berufen“: Könige, Feldherrn, Dichter, Rhetoren, Grammatiker und Philosophen. Fünfundzwanzig dieser Lebensbeschreibungen sind uns erhalten geblieben, und zwar fast ausnahmslos die der nichtrömischen Feldherrn.

2. Die literarische Gattung der Biografie

Die Biografie ist die Lebensbeschreibung eines Menschen. Sie schildert die Abfolge seines Lebens und verbindet diese mit anderen Ereignissen seiner Zeit. Entweder prägen die Zeitereignisse die Person oder die Person bestimmt die Zeit, „macht“ also Geschichte. Die Biografie ist ein Zweig der Geschichtsschreibung, sie ist demnach wie diese Ausdruck jenes Urtriebes des Menschen, Taten und Ereignisse der Vergangenheit dem Vergessen zu entreißen. Sie stellt Personen in den Mittelpunkt, indem sie ihre Schwächen und Stärken verdeutlicht. In die Darstellung fließen auch ethische und psychologische Vorstellungen mit ein, damit die „innere“ Entwicklung der Person verständlich und erklärbar wird. Bedeutsam ist, aus welcher Perspektive der Biograf schreibt. Wie weit geht seine Objektivität? Wo referiert er nur? Wo deutet und bewertet er? Was gewichtet er vielleicht besonders stark, was lässt er aus? Üblich bei einer Biografie sind folgende Elemente:

1. Angaben zu den Lebensdaten
2. Charakterisierung des „Helden“
3. Beschreibung der „Taten“ (mit Exkursen oder Reden)
4. Würdigung der Leistungen und der Bedeutung der beschriebenen Personen

Auch Nepos’ Biografien bewegen sich in diesem Rahmen. Der Römer will damit seine Leser fesseln, ihnen interessante Charaktere und Lebensbilder nahebringen. Geschichtliche Genauigkeit ist dabei nicht sein vorrangiges Ziel. Nepos versteht sich eher als Biograf, der seine Helden modelliert, denn als Historiker.

3. Sprache und Stil des Autors

Nepos' Sprache entspricht weitgehend dem, was in der klassischen Zeit Ciceros und Cäsars üblich war, also der römischen Kunstprosa. Abweichungen davon erklären sich aus einer stärkeren Annäherung an die gesprochene Sprache. Sein Darstellungsstil ist zugänglich, gefällig und nicht ohne dramatische Spannung; er weist auch, freilich keineswegs aufdringlich, den rhetorischen Schmuck der klassischen Prosa auf. Einige Beispiele solcher Stilfiguren seien hier vorgestellt:

Alliteration: gleicher Anlaut aufeinanderfolgender Vokale, z.B.:
v*el in* ***v****itiis* ***v****el in* ***v****irtutibus* (*Alc.* 1,1 f.)

Anapher: Wiederaufnahme des gleichen Wortes am Anfang von Sätzen oder Satzblöcken, z.B.:
nemo *ei in acie restitit,* ***nemo*** *adversus eum ... castra posuit* (*Hann.* 5,4)

Antithese: Gegenüberstellung gegensätzlicher Begriffe oder Gedanken, z.B.:
elephantus ***ornatus*** *ire – unus homo* ***inermis*** *repere* (*Hann.* 3,4)

Asyndeton: unverbundene Aneinanderreihung von Sätzen oder Satzteilen, z.B.:
Hannibal Alpicos ... concidit, loca patefecit, itinera munivit, effecit, ut ... (*Hann.* 3,4)

Chiasmus: Kreuzweise Stellung einander entsprechender Begriffe oder Satzteile, benannt nach dem griechischen Buchstaben X (Chi), z.B.:
pauper a maioribus ***relictus***
eruditus *autem sic, ut nemo Thebanus, magis* (*Epam.* 2,1)

Ellipse: Auslassung eines leicht ergänzbaren Wortes, z.B.:
natura ... videtur experta <esse> (*Alc.* 1,1)
praeclarum <est> hoc quoque Thrasybuli <factum>, quod ... (*Thra.* 3,2)

Hyperbaton: „Sperrung" zweier syntaktisch zusammengehöriger Wörter, z.B.:
Nullam *habuit* ***invidiam*** *magnaque fuit gloria* (*Thra.* 4,1)

Klimax: Steigerung von weniger Bedeutendem zum Wichtigeren, z.B.:
Neminem huic praefero fide, constantia, magnitudine animi, in patriam amore. (*Thra.* 1,1)

Parallelismus: Gleiche Anordnung von einander entsprechenden Wörtern und Satzteilen, z.B.:
Hoc initium *fuit salutis Actaeorum,*
hoc robur *libertatis clarissimae civitatis.* (*Thra.* 2,2)

Athen – ein Neubeginn der Weltgeschichte

a

1. Der Tragödiendichter Aischylos hat ein Werk *Die Perser* verfasst. Darin ist der Sieg der Griechen unter Themistokles zum Thema gemacht. Lies darüber in einem Literaturlexikon nach und berichte vor der Klasse.
2. Informiere dich über das Perikleische Zeitalter in einem Geschichtsbuch oder im Internet. Stelle aus Bildern eine Collage zum Kulturprogramm des Perikles auf der Akropolis in Athen her.

1 Themistokles

Der erste Retter Europas

Themistokles, römische Kopie einer um 470 v. Chr. entstandenen griechischen Marmorherme. Ostia, Museum

Die Geschichte Europas beginnt mit der Griechenlands. Ein Ereignis aus diesen Anfängen erscheint heute wie damals der Erinnerung würdig: der Kampf der Griechen gegen die Perser, der Zusammenprall zweier politischer Systeme, wie sie gegensätzlicher nicht sein konnten. Auf der einen Seite die Herrschaft des mächtigsten Mannes, die Despotie, auf der anderen die Herrschaft des Volkes, die Demokratie. Dort Zwang und Knechtschaft, hier Freiheit.

Der persische Großkönig Xerxes fühlte sich den griechischen Demokraten tausendfach überlegen. Nach Herodot, dem „Vater der Geschichtsschreibung", soll er vor seinem Feldzug nach Griechenland bei einer Heeresschau einen in seinen Diensten stehenden Griechen gefragt haben: „Du bist Grieche, glaubst du, dass deine Landsleute mir Widerstand leisten können? Ich meine, wenn sich die Griechen und alle Völker des Abendlandes zusammentäten, wären sie nicht stark genug, meinem Angriff standzuhalten." Demaratos hat, wie man berichtet, geantwortet: „Xerxes, mein Herr, ich will dir die Wahrheit sagen. Die Griechen werden sich gegen dich zur Abwehr formieren. Sie besitzen nämlich eine Tapferkeit, die ihnen allmählich zugewachsen ist durch ihre Klugheit und durch ein starkes Gesetz. Damit werden sie sich gegen die Knechtschaft, die du ihnen bringst, zur Wehr setzen; sie sind freie Menschen und wollen es bleiben." Xerxes darauf: „Wie aber können 1.000, 10.000 oder 50.000, die alle gleich frei sind und nicht dem Befehl eines Einzigen gehorchen, einer so großen Armee wie der meinen widerstehen? Wären die Griechen wie meine Leute von der Peitsche eines Monarchen gezwungen, dann würden sie wohl auch gegen einen übermächtigen Gegner ins Feld ziehen; so aber sind sie der Freiheit zügellos ausgeliefert und tun deshalb nichts von dem." – „Aber mein Herr", habe Demaratos dagegen gesagt, „die Griechen sind frei, gewiss, aber sie sind nicht in allem frei, über ihnen steht als Herrscher der Nomos, das Gesetz – und das gebietet ihnen, sich zu verteidigen, auch wenn dabei nur 1.000 Mann gegen eine ganze Million anzutreten hätten."

Eine Gestalt unter den Griechen hat diese Leistungskraft erstmals herausragend verkörpert: Themistokles aus Athen. Er erwies sich damals als ebenbürtiger Gegner des Perserkönigs. Er verteidigte Griechenland gegen den Osten

und legte den politischen und architektonischen Grundstein für seine Heimatstadt als Metropole des „Westlandes“. Doch am Ende sollte ihm das „starke Gesetz“ der Griechen zum Verhängnis werden.
Sein Lebensschicksal hat man ihm schon in seiner Kindheit, wie der Biograf Plutarch (46 bis ca. 120 n. Chr.) berichtet, bildhaft bewusst gemacht. Sein Vater, der ihn von der Politik fernhalten wollte, habe ihn an den Strand geführt und ihm die dort liegenden alten, zertrümmerten und vernachlässigten Galeeren gezeigt mit dem Bemerken: „So geht das Volk gewöhnlich mit Staatsmännern um, die ihm Dienst geleistet haben.“

1. Entscheidung für die Politik

Themistoclis vitia ineuntis adulescentiae magnis sunt
emendata virtutibus adeo,
  ut anteferatur huic nemo,
  pauci pares putentur.
Sed ab initio est ordiendus.
Pater eius Neocles generosus fuit.
Is uxorem Acarnaniam civem duxit,
  ex qua natus est Themistocles.
Qui,
  cum minus esset probatus parentibus,
    quod et liberius vivebat et rem familiarem neglegebat,
a patre exheredatus est.
Quae contumelia non fregit eum, sed erexit.
Nam cum iudicasset
  sine summa industria non posse eam exstingui
totum se dedit rei publicae diligentius amicis famaeque serviens.
Multum in iudiciis privatis versabatur, saepe in contionem populi prodibat;
nulla res maior sine eo gerebatur.

---

adulescentia (← *adulescens*): Jugend – **emendare:** verbessern, wiedergutmachen – **anteferre:** vorziehen
ordiri: beginnen; Ⓚ *est ordiendus*: eig. Subjekt: *Themistocles*; übersetze aber: *ordiendum est* – **generosus:** edel, adelig – **Acarnanius** (↗ R); *Acarnaniam*: zu bez. auf *civem* (Bürgerin)
probatus alci h.: anerkannt bei jdm. – **res familiaris:** Vermögen – **exheredare:** enterben – **contumelia, -ae:** Schmach, Schande – **erigere** (*erexi*): aufrichten, ermutigen
industria: Fleiß, Einsatz – **iudicium** h.: Urteil, Prozess – **versari in alqa re:** sich mit etwas beschäftigen – **contio, -onis:** Volksversammlung – **prodire:** auftreten

Celeriter,
quae opus erant,
reperiebat, facile eadem oratione explicabat.
Neque minus in rebus gerendis promptus quam excogitandis erat,
quod et de instantibus rebus,
ut ait Thucydides,
verissime iudicabat et de futuris callidissime coniciebat.
Quo factum est,
ut brevi tempore illustraretur.

(*Them.* 1,1-4)

1. Nenne die Wörter und Wendungen im Text, die ausdrücken, dass Themistokles in seiner Jugend extrem gegensätzliche Verhaltensweisen gezeigt hat. Worin deuten sich seine Schwächen an? Worin äußern sich seine Stärken?
2. Versuche zu begründen: Warum hat sich Themistokles wohl – trotz der Warnung seines Vaters (↗ Einführungstext S. 11) – für eine politische Laufbahn entschieden?
3. Was bedeutet es, wenn Nepos als Quelle für seine Charakteristik den Historiker Thukydides anführt?
4. Zeichne mit eigenen Worten das Charakterbild des Themistokles nach.

Herbert Achternbusch: Themistokles, 1999

Themistokles' Herkunft

Der griechische Biograf Plutarch (46 bis ca. 120 n. Chr.) schreibt über Themistokles Folgendes: „Themistokles konnte wegen seines niedrigen Standes wenig Anspruch auf Ruhm und Ehre erheben. Sein Vater Neokles war ein unbedeutender Bürger von Athen; vonseiten seiner Mutter aber war er nicht einmal ein echter Bürger. In der ersten Jugendhitze war er sehr ungleich und flatterhaft, indem er sich seiner rohen, durch keinen Unterricht gebildeten Natur ganz hingab und sich nicht selten zum Bösen hinreißen ließ."

(*Them.* 1 f.)

---

20 **opus est:** es ist nötig – **explicare:** erklären – **promptus:** entschlossen, bereit – **excogitare:** ersinnen, planen; Ⓚ Erg. *<in> excogitandis <rebus>*
25 **futurus:** zukünftig – **callidus:** schlau, klug – **illustrare:** berühmtmachen

Thukydides

Thukydides, der bedeutendste griechische Geschichtsschreiber, erlebte den fast 30-jährigen Krieg zwischen Athen und Sparta 431-404 v. Chr. mit. Er schrieb über diesen sog. Peloponnesischen Krieg sein Geschichtswerk, das für die heutigen Historiker in vielem Vorbild ist. Er geht darin auch auf die Vorgeschichte des Krieges ein und beschreibt dabei auch Wesen und Leistung des Themistokles; u.a. stellt er fest: „Denn in der Tat war Themistokles ein Mann, in welchem sich die Kraft der Natur aufs Stärkste offenbarte, und er war in dieser Hinsicht mehr als ein anderer wert, bewundert zu werden.“

Thukydides,
hellenistische Marmorbüste.
Paris, Louvre

1. Vergleiche die beiden Zitate aus Plutarch und Thukydides miteinander. Was ist gemeinsam, was ist verschieden?
2. Welche Parallelen findest du dazu im Nepos-Text?

2. Xerxes' Angriff auf Europa

Themistokles konnte schnell zu einem der höchsten Ämter in der athenischen Demokratie aufsteigen; er wurde Stratege, militärischer Führer. In dieser Funktion setzte er die überschüssigen Gelder der Stadt, die aus den Silberbergwerken eingegangen waren, zum Bau einer Flotte ein. Mit dieser konnte er einen Krieg gegen die Insel Kerkyra (heute: Korfu) siegreich beenden und das Meer von Seeräubern freimachen. Schon da erwiesen sich die Athener als Spezialisten im Seekrieg. Dies sollte sich sehr bald als nützlich erweisen.

Nam cum Xerxes et mari et terra bellum universae inferebat Europae,
cum tantis eam copiis invasit,
  quantas neque antea nec postea habuit quisquam.
Huius enim classis mille et ducentarum navium longarum fuit,
  quam duo milia onerariarum sequebantur,

---

bellum inferre alci: jdn. bekriegen – **navis longa:** Kriegsschiff
5 **navis oneraria:** Lastschiff

terrestres autem exercitus septingenta peditum, equitum quadringenta milia fuerunt.

Cuius de adventu cum fama in Graeciam esset perlata et maxime
Athenienses peti dicerentur propter pugnam Marathoniam,
miserunt Delphos consultum,
quidnam facerent de rebus suis.
Deliberantibus Pythia respondit,
ut moenibus ligneis se munirent.

(*Them.* 2, 4-6)

Das Orakel der Pythia

„Alles wird überwältigt, was liegt vom Hügel des Kekrops bis zu den Schluchten hin des göttlichen Berges Kithairon. Nur die hölzerne Mauer lässt Zeus seiner Tritogeneia, sie allein bleibt heil zur Rettung für dich und die Kinder."

(Plutarch, *Them.* 13)

Das Theater und die Ruinen des Apollontempels in Delphi, dem „Nabel der Welt"

1. Welche Stelle im Text zeigt, dass Nepos den Xerxeszug als Angriff auf Europa verstanden hat? Welche Bedeutung muss Griechenland damals gehabt haben?
2. Überlege, warum sich dieser Angriff vornehmlich gegen Athen richtete. Was sagt der Text dazu? Ziehe dazu auch die Informationen auf Seite 15 hinzu. Welche Angaben kannst du dir dazu noch aus Sachbüchern oder aus dem Internet beschaffen?
3. Wie reagierten die Athener auf den persischen Angriff? Welche Funktion kam damals dem Orakel von Delphi zu?
4. Welche Stelle im Text zeigt an, dass die Perser auf zwei Wegen den Angriff gegen Griechenland führten?

---

terrestris exercitus: Landheer – **pedes, -itis:** Fußsoldat – **famam perferre:** ein Gerücht, eine Kunde verbreiten – Ⓚ *Athenienses peti dicuntur*: NcI (man sagt, dass die Athener ...) – **petere** h.: angreifen

mittere consultum (Supinum): schicken, um zu (be)fragen – **quidnam:** was denn – **deliberare:** überlegen, nachdenken – **Pythia** (↗ R) – **ligneus:** hölzern, aus Holz

Angriff der Perser zu Wasser und zu Land

2

Die Schlacht bei Marathon

Die Griechen und Perser lagen schon seit 500 v. Chr. miteinander im Streit. Die zwölf griechischen Städte an der Küste Kleinasiens hatten sich damals – unterstützt aus dem Mutterlande, besonders von den Athenern – gegen Persien erhoben, wurden aber besiegt. Der Perserkönig wollte Rache. Bei jeder Mahlzeit musste ein Sklave ihm zurufen: „Herr, denke an die Athener!" 490 v. Chr. erfolgte der erste Angriff auf Griechenland, und zwar nur auf dem Seeweg. Die persische Flotte landete bei Marathon, 42 km von Athen entfernt. Die Athener, fast auf sich allein gestellt, stürmten in der Phalanx-Formation von den Berghängen herab in die Ebene und trieben die Perser ins Meer oder auf die Schiffe zurück. Nach dem Sieg lief ein Athener die Strecke von Marathon bis nach Athen. Dort brach er mit den Worten „Freut euch! Sieg, Sieg!" tot zusammen.

Der Grabhügel der Athener in der Ebene von Marathon

Der Marathonlauf, heute eine olympische Disziplin

3. Das Nahen des Unheils

Die Überlegenheit der persischen Heeresmacht war erdrückend. Den 1.200 Kriegsschiffen und 2.000 Lastschiffen standen nur 300 Schiffe der griechischen Bundesflotte gegenüber, 200 davon gehörten den Athenern.
Man baute, dem Rat des Themistokles folgend, in Athen in aller Eile weitere Dreiruderer, brachte die Familien mit ihrem Hab und Gut auf die Schiffe und fuhr sie teils nach Troizen, teils nach Salamis. Als Schutz für die Burg und die Heiligtümer ließen sie die Priester und die Ältesten zurück.

3.1 Die Schlacht an den Thermopylen

Dem gewaltigen Landheer der Perser stellte sich eine Eliteeinheit aus Sparta unter Führung des Königs Leonidas an den Thermopylen in Mittelgriechenland entgegen. Außer den Athenern hatte sich niemand unter den Griechen vom delphischen Orakelspruch beeinflussen lassen. Sie suchten mit Heldenmut den offenen Kampf.

Itaque missi sunt delecti cum Leonida,
Lacedaemoniorum rege,
  qui Thermopylas occuparent et
  longius barbaros progredi non paterentur.
Hi vim hostium non sustinuerunt eoque loco omnes perierunt.

(*Them.* 3,1)

Noch heute erinnert an den Thermopylen eine Gedenktafel an dieses Drama. Auf dieser Tafel steht ein Spruch, den die Griechen damals auf die Gefallenen verfasst haben. Der Römer Cicero hat ihn ins Lateinische übersetzt:

Dic, hospes, Spartae nos te hic vidisse iacentes,
dum sanctis patriae legibus obsequimur.

(Cicero, *Tusc.* 1,10 f.)

1. Überlege, an wen sich der Spruch richtet? Welche Botschaft enthält er?
2. Der deutsche Schriftsteller Heinrich Böll hat eine Kurzgeschichte *Wanderer, kommst du nach Spa ...* verfasst. Lies diese und berichte darüber vor der Klasse. Warum hat der Autor diesen Titel gewählt?

---

obsequi: gehorchen

3.2 Der erste Zusammenstoß zur See

Den herannahenden persischen Seestreitkräften stellte sich Themistokles mit seiner kleinen griechischen Flotte entgegen, und zwar am Kap Artemision. Das war der Eingang in die schmale Meeresstraße zwischen der Insel Euboia und dem Festland. Die Perser sollten daran gehindert werden, hier den Weg nach Süden zu nehmen. Es kam zum Kampf, der an dieser Engstelle unentschieden ausging. Da aber Themistokles wusste, dass er der Übermacht nicht lange standhalten konnte, brachte er die Flotte zur Meerenge von Salamis unmittelbar vor Athen. (*Them.* 3,2-4)

i 3

Themistokles' Erfindung: die Triere

Im Vergleich zu den mächtigen Kriegsschiffen der Perser war die Triere ein kleines und äußerst manövrierfähiges Seefahrzeug, das sich besonders in engen Gewässern behaupten konnte: ein leicht gebauter „Dreidecker" von 40 bis 50 m Länge und nur 5 m Breite; darauf 200 Mann Besatzung, nämlich 170 Ruderer, die in drei Reihen übereinandersaßen und im Takt unter Flötenspiel und nach Kommandoruf ruderten, dazu 20 Matrosen für das Segelwerk und nur ein Dutzend Seesoldaten.

Querschnitt einer Triere

Eine antike Triere, nachgebaut im Hafen von Piräus, 1985.
Rekonstruktion europäischer Wissenschaftler

Sparta

In Sparta, der mächtigsten Stadt auf der Peloponnes, hatte sich ein eigentümlicher Lebensstil entwickelt; dieser war geprägt von Sparsamkeit, Askese und körperlicher Zucht. Die Spartaner waren ganz auf Waffendienst und Krieg ausgerichtet. Krieg war Fest, Tod für das Vaterland höchste Ehre. Der spartanische Dichter Tyrtaios (7. Jh. v. Chr.) lässt eines seiner Gedichte mit den berühmten Versen beginnen:

Schön ist der Tod, wenn man fällt in der vordersten
Reihe der Krieger,
als ein tüchtiger Mann, der um sein Vaterland kämpft.

Der römische Dichter Horaz hat diese Verse verkürzt und frei folgendermaßen in lateinische Sprache gefasst:

Dulce et decorum est pro patria mori.

(Horaz, *c.* 3,2,13)

Spartanischer Krieger. Um 500 v. Chr.
Staatliche Museen zu Berlin, Preußischer Kulturbesitz

Inwiefern verwirklicht sich dieses spartanische Lebensideal beim Kampf des Leonidas und seiner Eliteeinheit gegen die Perser? Wie stehst du persönlich zu einer solchen Haltung?

4. Die List des Themistokles

Die Perser marschieren mittlerweile auf dem Landweg gegen Athen.

Xerxes Thermopylis expugnatis protinus accessit astu idque
nullis defendentibus, interfectis sacerdotibus,
quos in arce invenerat,
incendio delevit.

---

decorus: ehrenvoll

expugnare: erobern – **accedere alqd:** an etwas heranrücken – **astu** (griech. Wort im Akk.): die Stadt (Athen) – **arx, arcis:** Burg von Athen, Akropolis (↗ R) – **delere:** vernichten

Cuius flamma perterriti classiarii cum manere non auderent
et plurimi hortarentur,
ut domus suas discederent moenibusque se defenderent,
Themistocles unus restitit
et universos pares esse posse aiebat.
Testabatur
dispersos perituros
idque Eurybiadi, regi Lacedaemoniorum,
qui tum summae imperii praeerat,
fore
affirmabat.
Quem cum minus, quam vellet, moveret,
noctu de servis suis,
quem habuit fidelissimum,
ad regem misit,
ut ei nuntiaret suis verbis:
Adversarios eius in fuga esse;
qui si discessissent,
maiore cum labore et longiore tempore bellum confecturum,
cum singulos consectari cogeretur;
quos si statim aggrederetur,
brevi universos oppressurum.

(*Them.* 4,1-4)

a

1. Was macht Xerxes mit Athen und den dort verbliebenen Leuten?
2. Stelle fest, wie die Matrosen auf den Schiffen reagieren.
3. Mit welchem Argument versucht Themistokles sie von ihrem Vorhaben abzubringen?
4. Welches Ziel verfolgt Themistokles schließlich? Überlege, welches Mittel er einsetzt, um sein Ziel zu erreichen.

---

5 **classiarii:** die Männer der Flotte, die Matrosen – **domos discedere:** in die Häuser verschwinden – Ⓚ *universi* (präd.): (in ihrer Gesamtheit, geschlossen)

10 **testari** (← *testis*): bezeugen, beteuern – **dispergere** (*dispersi, dispersum*): zerstreuen, trennen – Ⓚ Erg. *<eos> perituros <esse>* – **Eurybiades:** (↗ R) – **summa imperii:** Oberbefehl

15 Ⓚ *fore*: Inf. Fut. zu *fieri*; **fieri alci:** jdm. widerfahren – **affirmare:** behaupten – **noctu** (Adv.): nachts – Ⓚ Erg. *<eum>*, *quem habuit* ... **fidelis, -e:** treu, zuverlässig

20 Ⓚ 22-27: Oratio obliqua (↗ Anhang S. 114) – **adversarius:** Gegner – Ⓚ Erg. *<eum> ... confecturum <esse>*

25 **consectari:** verfolgen – Ⓚ Erg. *<eum> ... oppressurum <esse>*

Ein sensationeller Fund: Themistokles' Evakuierungsbefehl

Der griechische Bauer Anagyras Titires entnahm 1932 aus einem Kindergrab im Friedhof seines Dorfes einen Stein; er baute damit in seinem Garten eine Stufe. Weil auf dem Stein aber Schriftzeichen eingeritzt waren, wanderte er bald ins Ortsmuseum. Ein Jahr darauf gelangte der Fund in die Hände eines amerikanischen Forschers, der die Inschrift identifizierte: es handelt sich um den wörtlichen Evakuierungsbefehl, den Themistokles am 14. September 480 v. Chr. vor der Schlacht bei Salamis an seine Mitbürger erließ. Daraus sind nachfolgend wichtige Teile zitiert:

Die Götter.
Beschluss der Versammlung über den Vorschlag des Themistokles, Sohn des Neokles: Die Stadt der Herrin von Athen und allen Göttern anzuvertrauen, auf dass sie Athen verteidigen und die Barbaren vertreiben mögen. Die Athener selbst und die in der Stadt lebenden Fremden haben ihre Frauen und Kinder nach Troizen zu schaffen ...

Die alten Männer und alle bewegliche Habe sind nach Salamis zu verbringen. Die Schätze und die Priesterinnen verbleiben auf der Akropolis, um das Eigentum der Götter zu schützen.

Alle anderen Athener und Fremde im wehrtüchtigen Alter haben sich auf eines der 200 wartenden Schiffe zu begeben, um gegen die Barbaren zu kämpfen – um ihrer eigenen und der Freiheit aller Griechen willen, gemeinsam mit den Lakedämoniern, Korinthern, Ägineten und allen denjenigen, welche die Gefahr teilen wollen ...

Sobald die Bemannung der Schiffe vollendet ist, haben sich ihrer hundert bei Artemsion in Euboia dem Feind zu stellen, während die anderen hundert nahe von Salamis und dem übrigen Attika vor Anker zu gehen und das Land zu bewachen haben.

Auf dass alle Athener in der Verteidigung gegen die Barbaren vereint seien, haben diejenigen, welche für zehn Jahre ins Exil geschickt wurden, nach Salamis zu gehen und dort zu verbleiben, bis die Versammlung über sie beschlossen hat.

(aus: Robert Payne, *Der Triumph der Griechen* 1966)

1. Welche Informationen stimmen mit denen überein, die du bisher aus dem Nepos-Text erfahren hast?
2. Welches Motiv sollte die Griechen im Kampf gegen die Angreifer vordringlich bestimmen?
3. Woran erkennt man, dass man schon damals unmittelbar vor der Schlacht gespürt hat: „Hier wird über Sein oder Nichtsein entschieden"?

5. Die Schlacht bei Salamis

Hac re audita barbarus
nihil doli subesse credens
postridie alienissimo sibi loco, contra opportunissimo hostibus
adeo angusto mari conflixit,
ut eius multitudo navium explicari non potuerit.
Victus ergo est magis consilio Themistoclis quam armis Graeciae.
Hic,
etsi male rem gesserat,
tamen tantas habebat reliquias copiarum,
ut etiam tum iis opprimere posset hostes.
Iterum ab eodem gradu depulsus est.

(*Them.* 4,5-5,1)

W. von Kaulbach: Die Seeschlacht bei Salamis, 1862/4. München, Stiftung Maximilianeum

a

1. Welche Informationen über den Verlauf der Schlacht enthält der Text? Nenne die einschlägigen Wendungen.
2. Was ermöglicht die Beschreibung nicht? Worauf kommt es dem Autor an?

---

barbarus: Fremder, Ausländer, Barbar – **subesse:** dahinterstecken – **postridie** (Adv.): tags darauf – **alienus** h.: fremd, ungünstig – **contra** (Adv.): andererseits – **confligere** (*conflixi*): kämpfen
5 **explicari:** sich entfalten – **rem male gerere:** Misserfolg haben – **reliquiae, -arum:** Reste
10 **gradu depellere alqm:** jdn. aus einer vorteilhaften Stellung verdrängen, um den Erfolg bringen

Plutarch: Den Erfolg verdankt man nur einem Manne

„Man steht unter dem Eindruck, Themistokles habe den Zeitpunkt der Schlacht mit nicht weniger Scharfsinn und Klugheit gewählt als den Ort. Denn er stellte seine Trieren den Perserschiffen erst zum Kampf entgegen, als die Stunde gekommen war, da eine frische Brise wie gewöhnlich die Wellen von der offenen See her in den Sund hineintrieb. Für die griechischen Schiffe war dies kein Nachteil, da sie flach und niedrig gebaut waren. Die Perserschiffe hingegen, welche mit hochragendem Deck und Verdeck schwerfällig heranfuhren, wurden vom Winde abgedreht und schief vor die Griechen hingetrieben. Diese griffen scharf an, wobei sie genau auf Themistokles achteten, weil sie darauf vertrauten, dass er im richtigen Augenblick die richtige Maßnahme zu treffen wisse.

Die Perser, deren zahlenmäßige Überlegenheit im engen Sund nicht zur Geltung kam, konnten nur einzeln zum Angriff vorgehen und brachten einander gegenseitig in Verwirrung. So wurden sie, obschon sie bis zum Abend Widerstand leisteten, von den Griechen geschlagen, und diese erfochten jenen herrlichen und viel besungenen Sieg, einen Sieg zur See, wie ihn strahlender weder Griechen noch Barbaren je errungen haben. Sie verdankten ihn der Tapferkeit und dem freudigen Einsatz der Soldaten, aber ebenso sehr der Klugheit und dem durchdringenden Verstand des Themistokles."

(Plutarch, *Them.* 14)

Herbert Achternbusch: Die Schlacht bei Salamis, 1999

1. Stelle das Gemeinsame und die Unterschiede in den Texten von Nepos und Plutarch fest.
2. Inwiefern war für den Sieg der Griechen die Motivation entscheidend? Nimm zu Bengtsons Urteil (↗ Z5) persönlich Stellung.
3. Was möchte Kaulbach, was Achternbusch in seiner bildhaften Darstellung der Schlacht von Salamis zum Ausdruck bringen?

Entscheidend war die Motivation

„Die Griechen kämpften bei Salamis um Heimat und Freiheit, den Persern winkte günstigenfalls nur eine Belohnung aus der Hand des Großkönigs. Das irrationale Element hat sich als das entscheidende erwiesen; es hat über zahlenmäßige Überlegenheit und bessere Erfahrung dank der genialen Strategie des Themistokles den Sieg davon getragen."

(Hermann Bengtson, *Griechische Geschichte*, 1950)

6. Europas Sieg über Asien

Die Griechen hatten zwar bei Salamis gesiegt, Xerxes aber bedeutete für sie immer noch eine sehr ernste Gefahr. Da hatte Themistokles eine Idee: Er schickte Xerxes einen weiteren Boten, der ihm verkünden sollte, dass die Griechen die Absicht hätten, die Brücke über den Hellespont abzubrechen, auf der die Perser nach Europa gekommen waren. Xerxes glaubte den Worten des Themistokles und zog sich mit all seinen Truppen nach Asien zurück. Dabei meinte er, er sei von Themistokles nicht besiegt, sondern im Gegenteil gerettet worden.
Das historische Urteil aber fiel anders aus. Nepos bewertet die Leistung des Atheners so:

Sic unius viri prudentia Graecia liberata est Europaeque succubuit Asia.
Haec altera victoria,
quae cum Marathonio possit comparari tropaeo.
Nam pari modo apud Salamina parvo numero navium
maxima post hominum memoriam classis est devicta.

(*Them.* 5,3)

1. Welcher Eigenschaft des Themistokles schreibt Nepos den Erfolg über die Perser zu? Nenne den lateinischen Begriff dafür. Welche Bedeutung schwingt in dem Wort mit?
2. Inwiefern glaubt Nepos, den Sieg bei Salamis mit dem bei Marathon vergleichen zu können?
3. Wodurch kommt zum Ausdruck, dass in der Schlacht bei Salamis eine Entscheidung von weltgeschichtlicher Tragweite gefallen ist?

---

prudentia: Klugheit – **succumbere** (*succubui*) – Ⓚ Erg. *haec ...* <*est*> – **tropaeum:** Siegesdenkmal, Sieg
devincere (*devici, devictum*): (völlig) besiegen, schlagen

Nach dem Sieg über die Perser

„Freiheit lag in der Luft, so spürbar, dass die Menschen sie zu greifen meinten, und sie besangen sie in ihren Liedern ebenso wie sie die Götter besangen. Freiheit machte sie trunken mit ihrer Machtfülle. Die plötzliche Begeisterung ergriff das ganze Mutterland und befeuerte die Fantasie der Ionier. Für immer waren die Tage der Tyrannis vorüber. Die wehrhaften Bürger verlangten ihren Anteil an der Regierung und bestanden wieder auf einer Demokratie mit Archonten, die unter allen Athenern ausgewählt wurden.“

(Robert Payne, *Triumph der Griechen*, 1966)

1. Begründe, warum sich nach dem Triumph über die Perser das Gefühl der Freiheit bei den Griechen so stark bemerkbar machte. Überlege, warum die Staatsform der Demokratie durch die Ereignisse gestärkt wurde.
2. Beschreibe, von welchen Gefühlen die Gestalten auf dem Vasenbild bestimmt sind. Wie lässt sich dieser Bildeindruck mit den Erlebnissen vor der Schlacht bei Salamis verbinden?

Abschied eines Kriegers, der in die Schlacht zieht. Mischkrug um 440 v. Chr. München, Staatliche Antikensammlung. Der Krieger erhält von seiner Frau die Schale mit dem Abschiedstrunk.

7. Athens Machtanstieg

Nach Beseitigung der Persergefahr setzte sich Themistokles weiterhin für seine Heimatstadt ein.

Magnus hoc bello Themistocles fuit neque minor in pace.
  Cum enim Phalerico portu neque magno neque bono Athenienses uterentur,
huius consilio triplex Piraei portus constitutus est iisque moenibus circumdatus,
  ut ipsam urbem dignitate aequiperaret, utilitate superaret.

Phalericus portus: der Hafen von Phaleron (der älteste Hafen von Athen, südwestlich gelegen) – **triplex, -icis:** dreifach – **triplex Piraei portus:** der Hafen von Piraeus mit seinen drei Buchten – **constituere** h.: erbauen, errichten

Ⓚ Erg. *circumdatus <est>* – **aequiperare:** erreichen, gleichkommen – **utilitas, -atis:** Nutzen

Idem muros Atheniensium restituit praecipuo suo periculo.
Namque Lacedaemonii causam idoneam nacti propter barbarorum excursiones,
  qua negarent oportere extra Peloponnesum ullam urbem moenia habere,
    ne essent loca munita,
      quae hostes possiderent,
Athenienses aedificantes prohibere sunt conati.

(*Them.* 6,1-2)

Themistokles in Sparta

Der Sieg bei Salamis, der für Griechenland und Europa errungen wurde, machte Athen angesehen; seine Macht stieg. Die Spartaner sahen dies mit Neid; sie fürchteten um ihre eigene Herrschaft. Der Kampf der beiden Städte um die Hegemonie („Führung") in Griechenland begann und sollte etwa 50 Jahre später zum ersten dreißigjährigen Krieg der Geschichte eskalieren, dem sog. Peloponnesischen Krieg. Kaum hatten sie damals gemeinsam die Gefahr von außen beseitigt, begann die Rivalität. Die Spartaner versuchten den Athenern, wo immer möglich, Steine in den Weg zu legen. Jede Stärkung der Stadt wollten sie verhindern.

Auch da wandte Themistokles eine List an. Er wagte sich während des Mauerbaus in die Höhle des Löwen nach Sparta und erklärte dort, dass das, was in Athen geschehe durch das „Völkerrecht" (*ius gentium*) garantiert werde, weil es die Athener instandsetze, sich gegen Feinde leichter zu verteidigen. Und dies diene letztlich auch dem Schutz von ganz Griechenland.

„Seine Rückkehr sicherte er sich durch die Bedingung, dass spartanische Gesandte, die sich in Athen über den Stand der Dinge informieren sollten, erst dann zurückkehren dürften, wenn er selbst wieder zu Hause erscheine. Da er während seiner Abwesenheit alle Män-

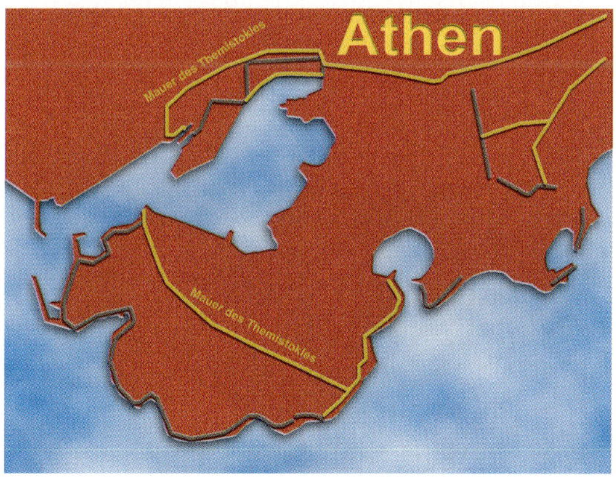

Die Hafenanlage des Piräus

---

restituere: wiederherstellen – **praecipuus:** besonders, außerordentlich – **suo periculo:** unter Gefahr für seine Person – Ⓚ Verb. *causam ..., qua* (dessentwegen) – **nancisci** (*nanciscor, nactus sum*): erreichen, erlangen – **excursio, -onis:** Streifzug, Einfall
oportet h.: man darf (bei Negation) – **possidere:** in Besitz nehmen

ner in Athen, Sklaven und Freie, forciert am Mauerbau mit Steinbrocken aus Kapellen und Gräbern weiterarbeiten ließ, gelang es, die Befestigung der Stadt zu vollenden.“ (*Them.* 7)

1. Als was wurde die Zeit nach dem Perserkrieg verstanden? Nenne den dafür gängigen Begriff aus dem Text.
2. Erarbeite aus dem lateinischen und deutschen Text, welche Entwicklung sich im Verhältnis zwischen Athen und Sparta anbahnte. Welche Maßnahme ergriff Themistokles und warum?
3. Warum und wie widersetzte sich Sparta diesem Plan und wie konterte Themistokles diesen Widerstand? Inwiefern zeigte der Athener hier Weitblick? Nenne den lateinischen Begriff im Text, in dem sich diese Fähigkeit andeutet.

8. Auf der Flucht vor den Griechen

8.1 Die Schattenseite des Erfolges

Themistokles hatte Athen zur Macht geführt und ist selbst mächtig geworden; doch das Herausragen aus der Masse war gefährlich. Seine Erfolge wurden zwar allseits anerkannt ...

Tamen non effugit civium suorum invidiam.
Namque ob eundem timorem,
  quo damnatus erat Miltiades,
testularum suffragiis e civitate eiectus Argos habitatum concessit.

(*Them.* 8,1)

Trotz seines Erfolges wurde Themistokles 471 v. Chr. auf Betreiben seiner politischen Gegner von seinen Landsleuten durch den Ostrakismos (Abstimmung mit Tonscherben als „Stimmzetteln“) aus Griechenland verbannt. Viele solcher Tonscherben oder -scheiben mit dem eingeritzten Namen des Themistokles sind erhalten geblieben.

Miltiades: Miltiades (↗ i-Text) – **testularum suffragia:** Abstimmung durch den Stimmstein (*testa*), durch das sog. Scherbengericht (↗ R) – **Argi, -orum:** Argos, Hauptstadt der Landschaft Argolis (↗ Karte); Ⓚ Argos: Akk. der Richtung – Ⓚ *habitatum*: Supinum (um zu wohnen) – **concedere** h.: fortgehen, sich begeben

Miltiades
Miltiades war der Sieger von Marathon 490 v. Chr. (↗ S. 15). Er war bei den Athenern hoch geehrt, wurde aber später von ihnen verurteilt; man hatte Angst, er werde sich zum Tyrannen aufschwingen.

8.2 Wegen Hochverrats verurteilt

Hic cum Themistocles propter multas eius virtutes magna cum dignitate viveret, Lacedaemonii legatos Athenas miserunt, qui eum absentem accusarent, quod societatem cum rege Perse ad Graeciam opprimendam fecisset; hoc crimine absens proditionis damnatus est. Id ut audivit, quod non satis tutum se Argis videbat, Corcyram demigravit.

(*Them.* 8,2-3)

Da Themistokles aber hier wegen seiner vielfachen Verdienste eine geachtete Stellung genoss, schickten die Lakedaimonier Gesandte nach Athen, die ihn in Abwesenheit anklagen sollten, weil er sich mit dem Perserkönig zur Unterdrückung Griechenlands verbunden habe; aufgrund dieses Vergehens wurde er in Abwesenheit wegen Hochverrats [zum Tode] verurteilt. Sobald er dies vernommen hatte, ist er, da er sich auch in Argos nicht sicher wähnte, nach Kerkyra weiter gewandert.

1. Überlege, aus welchem Beweggrund die Athener Themistokles durch das Scherbengericht verurteilt haben. Womit tat sich demnach die griechische Demokratie schwer? Welcher menschliche Affekt spielte dabei wohl die stärkste Rolle?
2. Welche Leistung des Themistokles hat man bei seiner Verurteilung wegen Hochverrats nicht anerkennen wollen?
3. Vergleiche das spätere Schicksal des Themistokles mit dem, was ihm in seiner Kindheit der Vater am Strand (↗ S. 11) gesagt hatte. Erläutere, inwiefern sich die Aussage des Vaters bewahrheitet hat.

Der Niketempel von Athen ist der Göttin des Sieges geweiht. Sie wird gern auch mit der Schutzgöttin der Stadt in Verbindung gebracht; sie heißt demnach Athena Nike. Eine schon um 550 v. Chr. erbaute Kultstätte für die Athena Nike wurde von den Persern zerstört. Um die Mitte des 5. Jh.s v. Chr. wurde nach dem Sieg über die Perser auf einem Vorsprung im Südwesten der Akropolis der Niketempel errichtet, der heute zum festen Erscheinungsbild der „Burgstadt" von Athen gehört.

9. Themistokles beim Perserkönig

9.1. Ein Brief an Artaxerxes

Themistokles floh aus Griechenland und gelangte über mehrere Stationen nach Kleinasien; dort schrieb er an Artaxerxes, den Perserkönig, einen Brief:

„Themistocles veni ad te,
    qui plurima mala omnium Graiorum in domum tuam intuli,
        quamdiu mihi necesse fuit adversus patrem tuum
        bellare patriamque meam defendere.
Idem multo plura bona feci,
    postquam in tuto ipse et ille in periculo esse coepit.
Nam,
    cum in Asiam reverti vellet proelio apud Salamina facto,
litteris eum certiorem feci id agi,
    ut pons,
        quem in Hellesponto fecerat,
    dissolveretur atque ab hostibus circumiretur.
Quo nuntio ille periculo est liberatus.
Nunc autem confugi ad te exagitatus a cuncta Graecia, tuam petens amicitiam.
    Quam si ero adeptus,
non minus me bonum amicum habebis,
    quam fortem inimicum ille expertus est.
Ea autem rogo,
    ut de iis rebus,
        quas tecum colloqui volo,
    annuum mihi tempus des
    eoque transacto ad te venire patiaris.“

(*Them.* 9,2-4)

---

mala inferre in alqm: Unglück über jdn. bringen – **Grai, -orum** ~ *Graeci* – **quamdiu:** solange – **bellare** (← *bellum*): Krieg führen

5 **idem:** der nämliche, ich ... ebenso – **in tuto esse:** in Sicherheit sein – **certiorem facere alqm:** jdn. benachrichtigen – **id agere, ut:** darauf hinarbeiten, darauf abzielen, dass

10 **dissolvere:** auflösen, abreißen – **circumire alqm:** jdn. umzingeln – Ⓚ Erg. *atque <is> (Xerxes) circumiretur* – **confugere ad alqm:** zu jdm. Zuflucht nehmen – **exagitare:** (ver)treiben, hetzen – **cunctus:** all, ganz

15 **adipisci** (*adeptus sum*): erlangen, erreichen

20 **colloqui cum alqo:** sich mit jdm. besprechen – **annuum tempus:** die Zeit eines Jahres, ein Jahr – **transigere** (*transegi, transactum*) h.: verbringen, verstreichen lassen – Ⓚ *<me> ad te venire patiaris*

9.2 Die Reaktion des Großkönigs

Huius rex animi magnitudinem admirans cupiensque talem virum sibi conciliari veniam dedit. Ille omne illud tempus litteris sermonique Persarum se dedit. Quibus adeo eruditus est, ut multo commodius dicatur apud regem verba fecisse quam ii poterant, qui in Perside erant nati.

Da der Großkönig die hochherzige Gesinnung dieses Mannes bewunderte und er einen solchen Mann für sich gewinnen wollte, zeigte er für dessen Bitte Verständnis. Jener verwandte seine ganze Zeit dort auf die Aneignung der persischen Schrift und Sprache, sodass er vor dem König um vieles besser seine Wort gesetzt haben soll, als es die vermochten, die in Persien geboren waren.

So konnte Themistokles wortgewandt Artaxerxes für sich gewinnen; er versprach ihm sogar, dass er für ihn Griechenland besiegen wolle. Artaxerxes beschenkte ihn dafür mit drei Orten, die ihm Brot (Magnesia), Wein (Lampsakos) und die sonstige Kost (Myos) zur Verfügung stellen sollten.

(*Them.* 10,1-3)

1. Warum schreibt Themistokles einen Brief? Beschreibe die Stimmungslage, in der sich der Athener befunden haben muss.
2. Wie stellt Themistokles im Rückblick sein Vorgehen vor und nach der Schlacht bei Salamis dar? Suche die einander entsprechenden Stellen im Text.
3. Was bietet der Grieche dem Perserkönig an? Bilde dir selbst ein Urteil über dieses Angebot.
4. Welche Wirkung hatte Themistokles' Schreiben beim Adressaten? Nenne Gründe dafür aus dem lateinischen Text.

10. Der Tod des Themistokles

De morte Themistoclis multimodis apud plerosque scriptum est, sed nos (eundem) potissimum Thucydidem auctorem probamus, qui illum ait Magnesiae morbo mortuum neque negat fuisse famam, venenum sua sponte sumpsisse, cum se, quae regi de Graecia opprimenda pollicitus esset, praestare posse desperaret.
Idem ossa eius clam in Attica ab amicis sepulta, quoniam legibus non concederetur, quod proditionis esset damnatus, memoriae prodidit.

(*Them.* 10,4-5)

Über den Tod des Themistokles kursieren bei den meisten Schriftstellern unterschiedliche Versionen. Wir aber folgen am ehesten (wiederum) Thukydides als Quelle, der berichtet, er sei in Magnesia an einer Krankheit gestorben, aber auch die Existenz eines Gerüchtes nicht verschweigt, er habe freiwillig Gift genommen, da er an der Einlösung seiner Versprechungen, die er dem Perserkönig über die Bezwingung Griechenlands gemacht hatte, verzweifelt sei.
Außerdem hat er überliefert, seine Gebeine seien von Freunden heimlich in Attika bestattet worden, weil dies von Rechts wegen aufgrund seiner Verurteilung als Verräter nicht erlaubt gewesen sei.

1. Welche Versionen über den Tod des Themistokles sind überliefert? Welche hältst du für wahrscheinlicher? Begründe deine Meinung.
2. Was lässt sich über die schriftstellerische Vorgehensweise des Nepos sagen, wenn er sich auch hier – ebenso wie am Anfang der Biografie – auf Thukydides als Zeugen beruft?
3. Verfasse in Kurzform eine Lebensbeschreibung des Themistokles. Wie beurteilst du sein Schicksal?

Diese Silbermünze wurde in Magnesia am Mäander unter der Herrschaft des Themistokles (auf beiden Seiten findet sich das Namenskürzel THE) geprägt, die Vorderseite zeigt vielleicht Themistokles selbst (Privatbesitz).

2 Alkibiades

Ein Genie zwischen den Fronten

Was Themistokles in die Wege geleitet hat, führte Perikles, Athens größter Staatsmann, zu Ende. Unter ihm erreichte Athens Demokratie in der Mitte des 5. Jh.s v. Chr. ihren Höhepunkt. Die sie tragenden Prinzipien kamen nun voll zur Entfaltung. Im Geschichtswerk des Thukydides, den auch moderne Historiker bewundern, ist eine Lobrede des Perikles auf die Demokratie enthalten; sie stellt die Vorzüge dieser Staatsform markant heraus:
„Wir leben in einer Staatsverfassung, die das Vorbild für andere ist. Ihr Name ist Demokratie, weil sie nicht auf einer Minderzahl, sondern auf der Mehrzahl der Bürger beruht. Vor dem Gesetz sind bei persönlichen Rechtsstreitigkeiten alle Bürger gleich. Und wie in unserem Staatsleben die Freiheit herrscht, so begegnen wir uns auch in der Privatsphäre frei und ungezwungen. Aber bei aller Weitherzigkeit im persönlichen Verkehr verbietet uns die Ehrfurcht vor dem Gesetz, die Gesetze zu übertreten."

(Thukydides, *Der Peloponnesische Krieg* 2,37)

Diese Chance zu einem freien, ungezwungenen Leben in der Demokratie nützte ein Mann, der als Waise im Hause seines Onkels und Vormunds Perikles aufwuchs: Alkibiades. Mit allen Gaben der Natur war er reichhaltig ausgestattet, mit Redekunst und Klugheit, mit Ehrgeiz und sportlichem Siegeswillen (er siegte im Wagenrennen bei den Spielen in Olympia), auch mit Besitz und Machtstreben. Seine Überlegenheit auf nahezu allen Gebieten machte ihn leichtsinnig und zügellos frei. Ehrfurcht vor dem Gesetz kannte er nicht.
Wie wenig für ihn vereinbarte Normen galten, zeigte er schon in seiner Jugend. Als er einmal in einem Ringkampf zu unterliegen glaubte, biss er wider alle Spielregeln absichtlich in die Hand des Gegners. „Alkibiades, du bist ein Weib!" schrie ihn der andere Ringer an. „Nein, ich bin ein Löwe!" soll Alkibiades zurückgeschrien haben. Diese Sehnsucht, ein Löwe zu sein, brannte in ihm so stark, dass sie ihn fast zum Wahnsinn trieb. Sie äußerte sich in seinem Privatleben nicht weniger als in der Politik, in der er sich, um seine Machtgelüste zu befriedigen, über die Maßen engagierte. Ein Genie mit allen Stärken und Schwächen, deshalb einerseits bewundert und zum Star erhoben, andererseits verachtet und zum Staatsfeind erklärt.
Das Ereignis, in dem Alkibiades seine Natur ausleben konnte, war der Peloponnesische Krieg, jene fast dreißigjährige Auseinandersetzung zwischen Athen und Sparta gegen Ende des 5. Jh.s v. Chr., in der es um die Vormacht in Griechenland ging. Hier gelangte der Machtmensch an die politische Spitze; in der Position eines Strategen wurde er mitverantwortlich für die Sizilische Expedition, die die athenische Armee in die Katastrophe stürzte und letztendlich Athens Niederlage im Großen Krieg besiegelte. Zeitweilig war Alkibiades sogar aufseiten der Spartaner und kämpfte gegen seine Heimatstadt.

Dieser mehrmalige Frontwechsel war Ausdruck seines schillernden Wesens und Anlass, in dem Manne einen Menschentypus zu erkennen, der – zumal auf dem Felde der Politik – zu allen Zeiten begegnet.

Alkibiades auf einem spätrömischen Mosaik in Sparta

1. Alkibiades' zwiespältige Veranlagung

Alcibiades, Cliniae filius, Atheniensis.
In hoc,
quid natura efficere possit,
videtur experta.
Constat enim inter omnes,
qui de eo memoriae prodiderunt,
nihil illo fuisse excellentius vel in vitiis vel in virtutibus.
Natus in amplissima civitate summo genere,
omnium aetatis suae multo formosissimus,
ad omnes res aptus consiliique plenus
– nam imperator fuit summus et mari et terra –
disertus,

Clinias, -ae: Kleinias (↗ R) – Ⓚ Erg. *experta <esse>*
memoriae prodere: geschichtlich überliefern – **excellens, -ntis:** herausragend, h.: auffallend – **formosus** (← *forma*): schön
aptus: geeignet, tauglich – **disertus:** beredt, redegewandt

ut imprimis dicendo valeret,
    quod tanta erat commendatio oris atque orationis,
        ut nemo ei dicendo posset resistere,
dives,
    cum tempus posceret,
laboriosus, patiens, liberalis, splendidus, non minus in vita
quam victu,
affabilis, blandus, temporibus callidissime serviens,
idem,
    simulac se remiserat neque causa suberat,
        quare animi laborem perferret,
luxuriosus, dissolutus, libidinosus, intemperans reperiebatur,
    ut omnes admirarentur
    in uno homine tantam esse dissimilitudinem
    tamque diversam naturam.

(*Alc.* 1,1-4)

1. Welche Bedeutung hat der Begriff *natura* in Zeile 3 und in Zeile 27? Begründe, warum dieser Begriff am Anfang und am Ende der Charakteristik des Alkibiades verwendet ist.
2. Inwiefern hat Alkibiades etwas Geniehaftes an sich? Stelle die Wörter und Wendungen zusammen, die im Text darauf hindeuten.
3. Was möchte Nepos als Charakterkern des Alkibiades herausstellen? Überlege, wie sich das Leben und das Schicksal dieses Mannes deshalb entwickeln könnten.

---

commendatio, -onis: Empfehlung, gewinnende Wirkung – **os, oris** h.: Stimme (Art des Sprechens) – **oratio, -onis:** Rede (Art des Vortrags)

laboriosus (← *labor*): arbeitsam – **patiens, -ntis** (← *pati*): duldsam, ausdauernd – **liberalis, -e:** freigebig, großzügig – **splendidus:** glänzend, h.: prunkliebend – **victus, -us** h.: Lebensansprüche

affabilis, -e: zugänglich – **blandus:** schmeichlerisch, charmant – **temporibus serviens:** sich den Zeitumständen anpassen – **callidus:** schlau – **idem:** derselbe, zugleich – **simulac:** sobald – **se remittere** h.: sich anpassen – **subesse:** vorliegen – **luxuriosus:** schwelgerisch, ausschweifend – **dissolutus:** aufgelöst, nachlässig, phlegmatisch – **libidinosus**: leidenschaftlich, zügellos – **intemperans, -ntis:** unbeherrscht

admirari ~ *mirari* – **dissimilitudo, -inis:** Verschiedenheit, Unausgeglichenheit

Der Philosoph Sokrates, 469-399 v. Chr., war im ausgehenden 5. Jh. v. Chr. die herausragendste geistige Persönlichkeit Athens. Er war Lehrer und Freund des Alkibiades. Wandfresko, 1. Jh. n. Chr. Ephesos, Museum

1. Von Sokrates gab es schon in der Antike viele Bilddokumente. Stelle einige zu einer Collage zusammen. Wie würdest du das Aussehen des Philosophen beschreiben?
2. Informiere dich kurz über Leben und Wirken des Sokrates und berichte darüber vor der Klasse.

2. Beste Beziehungen

Educatus est in domo Periclis – privignus enim eius fuisse dicitur –, eruditus a Socrate.
Socerum habuit Hipponicum, omnium Graeca lingua loquentium ditissimum,
ut,
si ipse fingere vellet,
neque plura bona reminisci neque maiora posset consequi,
quam vel natura vel fortuna tribueret.
Ineunte adulescentia amatus est a multis more Graecorum,
in eis a Socrate.

(*Alc.* 2,1-2)

Perikles, Sokrates und Hipponikos
Perikles war der führende Staatsmann Athens in der Mitte des 5. Jh.s v. Chr. Er führte die Demokratie in seiner Heimatstadt auf den Höhepunkt. Er verwirklichte ein überragendes Kulturprogramm, von dem heute noch sichtbare Bauten, besonders auf der Akropolis, Zeugnis ablegen. Perikles starb 429 v. Chr. an der zu Beginn des Peloponnesischen Krieges ausbrechenden Pest. – Sokrates war einer der ersten Philosophen Griechenlands; er suchte das unmittelbare Gespräch mit den Menschen auf der Straße, besonders auf dem Marktplatz von Athen. Sein Interesse galt nicht den Fragen der Natur, sondern dem, was das Zusammenleben der Bürger trägt, den Werten und Normen. Auf diese Weise ist die Ethik zu einem Kernbereich der Philosophie geworden. Sokrates wurde 399 v. Chr. von den Athenern zum Tode verurteilt und hingerichtet. – Hipponikos war ein erfolgreicher Stratege (Heerführer) im Peloponnesischen Krieg; er galt im Athen seiner Zeit als besonders reich.

Alkibiades besaß nur einen einzigen Fehler – Stolz
„Alkibiades besaß alle Vorteile einer hohen Geburt: Reichtum, persönlichen Mut und eine Unzahl von Freunden. Er war berühmt für seine Redekunst und großzügig bis zur Verschwendungssucht. Ein wundervoller Tänzer, er spielte Laute und Harfe und es amüsierte ihn zu behaupten, nur der Dumme spiele Flöte, ‚denn die Flöte blockiert den Mund und erstickt die Stimme'. Seine Schönheit hatte nicht die Vergänglichkeit der Jugend, sie blieb

---

educare: erziehen – **privignus, -i:** Stiefsohn (tatsächlich war Alkibiades ein entfernter Neffe von Perikles) – **erudire:** erziehen, (aus)bilden – **socer, soceri:** Schwiegervater – **Hipponicus:** Hipponikos (↗ i-Text) – **ditissimus** ~ *divitissimus*
reminisci alqd: sich an etwas erinnern – **adulescentia** (← *adulescens*): Jugend

ihm ein Leben lang treu: Ging er vorbei, so verhielten die Menschen ihren Schritt, um seine göttliche Schönheit zu bestaunen. Er besaß nur einen einzigen Fehler – Stolz. Dieser Fehler sollte ihm zum Verderben werden."

(Robert Payne, *Der Triumph der Griechen*, 1966)

Honoré Daumier: Götter und Helden, 19. Jh. Von Alkibiades wird erzählt, dass er seinem Pudel den Schwanz stutzte, um Aufsehen zu erregen.

a

1. Stelle die lateinischen Begriffe im Nepos-Text fest, die zu den Wesenszügen in der Beschreibung des Alkibiades bei Payne (i-Text) passen. Worin stimmt Payne mit Nepos überhaupt nicht überein? Wie beurteilst du diesen Unterschied?
2. Was möchte Honoré Daumier in seiner Karikatur an Alkibiades herausstellen? Nenne lateinische Begriffe aus dem Nepos-Text und deutsche aus dem Payne-Text, die auf den Eindruck, den das Bild vermittelt, zutreffen.
3. Was möchte Nepos zum Ausdruck bringen, wenn er die engen Beziehungen des Alkibiades zu bedeutenden Männern seiner Zeit so stark betont? Auf welchem Gebiet sind diese Männer führend (i-Text)?

Alkibiades (mit Helm) im Gespräch mit Sokrates.
Ausschnitt aus dem Fresko: Die Schule von Athen (Raffael, 1509)

Betrachte Sokrates und Alkibiades auf dem oben abgedruckten Bild. Beschreibe, welchen Eindruck der Maler Raffael vom Verhältnis der beiden zueinander vermitteln will.

3. Auch im Krieg war er Spitze

Alkibiades erhielt im Peloponnesischen Krieg, in dem sich Athen und Sparta um die Vormachtstellung in Griechenland fast 30 Jahre lang (431-404 v.Chr.) stritten, das Amt eines Strategen. Er gehörte also als Feldherr zur obersten Militärbehörde. Auch in diesem Krieg war er Spitze; er führte einige – freilich rechtlich und moralisch bedenkliche – Unternehmungen erfolgreich durch. Auch die sogenannte Sizilische Expedition, die Athen zum Schicksal werden sollte, ging auf sein Konto. Er hatte die Athener dazu überredet. In einem modernen Roman wird Alkibiades folgende Umschreibung seiner Rolle in den Mund gelegt.

Ein „charmanter Verbrecher"
„Athener, ich habe mehr Anspruch auf das Amt des Feldherrn als jeder andere! Aber nicht nur das: Ich glaube auch, dessen würdig zu sein. Ich bin verschrien, verschrien um Dinge willen, die dem Vaterland in Wahrheit nur Nutzen gebracht haben. Mir natürlich auch! Denn der Prunk, mit dem ich in Olympia aufgetreten bin, gerade der war es, der die Griechen gelehrt hat, die Größe Athens richtig einzuschätzen. Ich habe auch gesiegt! Mag sein, dass alles im eigenen Kreise neidischen Ärger erregt; bei Fremden – und das ist wichtig – erscheint es als Ausdruck der Kraft! Ich dünke mich mehr als andere, jawohl! Ist das Frevel? Will man mit mir teilen? Ja? Wird man, wenn

ich im Unglück sein sollte, auch mit mir teilen? Fürchtet euch nicht vor meinem jugendlichen Sturm! Was nun das Unternehmen gegen Sizilien betrifft: Durch solche Taten sind wir zur Herrschaft gelangt!"

(Joachim Fernau, *Rosen für Apoll*, 1961)

Id bellum contra Syracusanos cum appararetur,
priusquam classis exiret,
accidit,
ut una nocte omnes Hermae,
qui in oppido erant Athenis,
deicerentur.
Hoc cum appareret
non sine magna multorum consensione esse factum,
quae non ad privatam,
sed publicam rem pertineret,
magnus multitudini timor est iniectus,
ne qua repentina vis in civitate exsisteret,
quae libertatem opprimeret populi.
Hoc maxime convenire in Alcibiadem videbatur,
quod et potentior et maior quam privatus existimabatur.
Aspergebatur etiam infamia,
quod in domo sua facere mysteria dicebatur
idque non ad religionem,
sed ad coniurationem pertinere existimabatur.

(*Alc.* 3,2-6, m.A.)

Herme mit Kopf des Faunus. Neapel, Archäologisches Nationalmuseum

---

apparare: vorbereiten – **exire** (*exii*) h.: ausfahren – **Herma, -ae:** Herme, Hermessäule (↗ R)

deicere (*deieci*): umwerfen, umstürzen – **apparet** (m. AcI): es zeigt sich, wird offenkundig – **consensio, -onis** (← *consentire*): Zustimmung, Verabredung

Ⓚ *pertineret*: Konj. im Gliedsatz innerhalb eines AcI: kennzeichnet sog. innere Abhängigkeit (d. h.: hier wird die Aussage als Meinung der Masse zum Ausdruck gebracht) – **inicere** (*iniec-i*): hineinwerfen, einjagen – **repentinus** (← *repente*): plötzlich – **exsistere:** auftreten – **convenire in alqm:** auf jdn. zutreffen, zu jdm. passen

aspergere: besprengen, beflecken – **infamia:** Schande, üble Nachrede – **mysteria facere:** Mysterien (geheime gottesdienstliche Zusammenkünfte) abhalten (was in Athen verboten war) – **religio, -onis** h.: religiöse Feier – Ⓚ *pertinere ... existimabatur*: NcI (man glaubte, dass ... zu tun habe)

1. Welcher Wesenszug des Alkibiades tritt in seiner Rede – wie sie Joachim Fernau gestaltet hat – markant in den Vordergrund?
2. Welcher Verdacht kommt kurz vor dem Aufbruch nach Sizilien auf? Inwiefern spielt hierbei der beherrschende Wesenszug des Mannes eine Rolle? Nenne dafür die Wendungen aus dem Text.

4. Der Bruch mit Athen

Alkibiades wurde des Verbrechens bezichtigt. Er stellte sich der Anklage und forderte eine offizielle Untersuchung, da die gegen ihn erhobenen Anschuldigungen eine reine Erfindung seiner Neider seien. Es kommt aber zu keiner Verhandlung. Die Gegner fürchteten seine starke Position und seine Beliebtheit in der Stadt. Man ließ die Flotte zur Sizilischen Expedition absegeln, in der Absicht, Alkibiades in Abwesenheit anzuklagen – was sie dann auch taten.

Qua de re cum ei nuntius a magistratu in Siciliam missus esset,
ut domum ad causam dicendam rediret,
essetque in magna spe provinciae bene administrandae,
non parere noluit et in trierem,
quae ad eum erat deportandum missa,
ascendit.
Hac Thurios in Italiam pervectus,
multa secum reputans de immoderata civium suorum licentia crudelitateque erga nobiles,
utilissimum ratus impendentem evitare tempestatem
clam se ab custodibus subduxit et inde primum Elidem, deinde Thebas venit.
Postquam autem se capitis damnatum esse bonis publicatis audivit, Lacedaemonem demigravit.

---

causam dicere: sich verteidigen – **esse in magna spe alcs rei:** berechtigte Hoffnung auf etwas haben – **administrare:** verwalten – **trieres** (*navis*), **-is:** Triere (↗ R)
deportare: wegbringen, holen – **ascendere** (*ascendi, ascensum*): besteigen – Ⓚ Erg. *hac <nave>* – **Thurii, -orum:** Thurioi (↗ R) – **pervehi** (*pervectus sum*): hinfahren, gelangen – **reputare:** überlegen, bedenken – **immoderatus:** maßlos – **crudelitas, -atis** (← *crudelis*): Grausamkeit – **erga:** gegenüber
impendere: drohen, bevorstehen – **evitare:** (ver)meiden – **clam** (Adv.): heimlich – **se subducere:** sich entziehen, entkommen – **Elis, -idis:** Elis (↗ R) – **Thebae, -arum:** Theben (↗ R) – **publicare** (← *publicus*): verstaatlichen, beschlagnahmen – **Lacedaemon, -onis:** Lakedaimon (↗ R) – **demigare:** auswandern, sich absetzen

Ibi,
ut ipse praedicare consueverat,
non adversus patriam, sed inimicos suos bellum gessit,
quod eidem hostes essent civitati:
nam,
cum intellegerent se plurimum prodesse posse
rei publicae,
eos se ex ea eiecisse plusque irae suae
quam utilitati communi paruisse.

(*Alc.* 4,3-7, m.A.)

Rudermannschaft einer attischen Triere aus klassischer Zeit; nur die oberste Reihe von Männern an den Rudern ist dargestellt. Relief auf einer Stele aus dem 4. Jh. Athen, Akropolismuseum.

1. Welche Ausdrücke und sprachlichen Erscheinungen zeigen an, dass sich in Alkibiades ein Prozess des Nachdenkens abspielte, der zu einer Entscheidung führte? Wie begründet er diese?
2. Inwiefern war Alkibiades' Haltung schuldhaft? Wie beurteilst du selbst diese Schuld?

---

15 Ⓚ *quod ... essent*: Konj. der inneren Abhängigkeit (der Vorstellung des Alkibiades entsprechend)

20 **prodesse:** nützen – Ⓚ *nam eos se ... eiecisse*: AcI (Gedanke des Alkibiades, abh. von *praedicare consueverat*) – **utilitas, -atis** (← *utilis*): Nutzen, Vorteil

5. Auch in Sparta gefährdet

Alkibiades veranlasste die Spartaner zu einem Freundschaftsbund mit den Persern und zu einer strategisch erfolgreichen Belagerung Athens. Ionien konnte vom Bund mit den Athenern abgebracht werden. So gewann Sparta gegenüber Athen allmählich eine deutliche Überlegenheit im Krieg.

Neque vero his rebus tam amici Alcibiadi sunt facti quam timore ab eo alienati.
Nam,
cum acerrimi viri praestanten prudentiam in omnibus rebus cognoscerent,
pertimuerunt,
ne caritate patriae ductus aliquando ab ipsis descisceret
et cum suis in gratiam rediret.
Itaque tempus eius interficiundi quaerere instituerunt.
Id Alcibiades diutius celari non potuit.
Erat enim ea sagacitate,
ut decipi non posset,
praesertim cum animum attendisset ad cavendum.
Itaque ad Tissaphernem, praefectum regis Darii, se contulit.

(*Alc.* 5,1-2)

Die Flucht

„Alkibiades entkam und eilte nach Sparta, wo er zum gefürchteten Feind jener Athener wurde, die ihn einstmals vergöttert und mit den höchsten Stellungen des Landes betraut hatten. Dort verblieb er, stellte seine Fähigkeiten in den Dienst des spartanischen Königs und schmiedete unaufhörlich neue Pläne gegen Athen."

(Robert Payne, *Der Triumph der Griechen*, 1966)

---

non tam ... quam: nicht so sehr ... als vielmehr – **alienari ab alqo:** sich von jdm. entfremden, jdm. fremd, zum Feind werden – **praestans, -ntis:** hervorragend – **prudentia** (← *prudens*): Klugheit

pertimescere (*pertimui*): in Angst geraten – **caritas, -atis** (← *carus*): Liebe – **desciscere:** abfallen – **in gratiam redire cum alqo:** mit jdm. in ein freundschaftliches Verhältnis zurückkehren, sich wieder mit jdm. anfreunden

celare: verheimlichen; Ⓚ *celor alqd* (persönliche Konstruktion: mir wird etwas verheimlicht) – **sagacitas, -atis:** Scharfsinn – **decipere** (*decepi, deceptum*): täuschen – **praesertim cum:** zumal da – **animum attendere:** seine Aufmerksamkeit richten auf, achten auf – **Tissaphernes, -is:** Tissaphernes (↗ R) – **praefectus:** Vorsteher, Befehlshaber, h.: Satrap (↗ R) – **Darius:** Dareios II. (↗ R) – **se conferre** (*contuli*): sich begeben

„Fluchtweg" des Alkibiades

a

1. Warum enthält der Text von Robert Payne im Hinblick auf die Wirkung des Alkibiades nur die halbe Wahrheit? An welchen lateinischen Wörtern und Wendungen lässt sich das nachweisen?
2. Warum wollten die Spartaner Alkibiades töten? Hältst du eine solche Reaktion für vertretbar? Begründe deine Meinung.
3. Welchen Schritt vollzieht Alkibiades dann? Wie beurteilst du diesen?

6. Triumphale Rückkehr nach Athen

Alkibiades hatte sich aus Angst um seine Person von Sparta nach Persien begeben, zum Satrapen Tissaphernes. Doch von dort aus versuchte er, auf den Kampf um die Vorherrschaft in Griechenland Einfluss zu nehmen. Er wollte wieder auf die Seite der Athener. Von der bei der Insel Samos liegenden athenischen Flotte wurde er aufgenommen und zusammen mit Theramenes und Thrasybulos zum Strategen ernannt. Unter deren Führung gelangen den Athenern kurz hintereinander Seesiege über Sparta. Die Lage wandelte sich so entscheidend, dass die Lakedaimonier sogar um Frieden baten. Nachdem Alkibiades mit seinen Amtskollegen auch bei Kämpfen auf dem Lande große Erfolge erzielt hatte, kam die Flotte beutebeladen nach Athen.

His cum obviam universa civitas in Piraeum descendisset,
tanta fuit omnium exspectatio visendi Alcibiadis,
ut ad eius triremem vulgus conflueret,
proinde ac si solus venisset.

---

obviam alci: jdm. entgegen (gehen) – **Piraeus:** griech. Peiraieus (dt. Piräus) (↗ R) – **exspectatio, -onis:** Erwartung – **visere** ~ *videre* – **triremis, -is:** Dreiruderer, dreirudrige Galeere – **confluere:** zusammenströmen – **proinde ac si:** gleichsam als ob

Sic enim populo erat persuasum et adversas superiores et praesentes secundas res accidisse eius opera.
Itaque et Siciliae amissum et Lacedaemoniorum victorias culpae suae tribuebant,
quod talem virum e civitate expulissent.
Neque id sine causa arbitrari videbantur.
Nam,
postquam exercitui praeesse coeperat,
neque terra neque mari hostes pares esse potuerunt.

Hic ut e navi egressus est,
omnes illum unum prosequebantur et,
id quod numquam antea usu venerat nisi Olympiae victoribus,
coronis aureis taeniisque vulgo donabatur.
Ille lacrimans talem benevolentiam civium suorum accipiebat,
reminiscens pristini temporis acerbitatem.
Postquam in astu venit,
contione advocata sic verba fecit,
ut nemo tam ferus fuerit,
quin eius casum lacrimaverit
inimicumque iis se ostenderit,
quorum opera patria pulsus fuerat.

(*Alc.* 6,1-4)

---

5 **mihi persuasum est:** ich bin überzeugt – **superior ... praesens:** früher ... gegenwärtig – **amissus, -us** (← *amittere*): Verlust – **tribuere** h.: zurechnen, zuschreiben – Ⓚ *quod ... expulissent*: Konj. der inneren Abhängigkeit (wodurch sich die Aussage als die Meinung der Athener andeutet)

15 **prosequi:** geleiten, begleiten – **usu venire:** vorkommen – **Olympiae victoribus** h.: bei den Olympiasiegern – **corona:** Kranz – **taenia:** Band, Siegerbinde (die den Siegern bei öffentlichen Festspielen verliehen wurde) – **vulgo** (Adv.) h.: öffentlich – **lacrimare:** (be)weinen – **benevolentia** (*bene - velle*): Wohlwollen, Zuneigung – **reminisci alqd:** sich an etwas erinnern – **acerbitas, -atis** (← *acerbus*): Härte, Bitterkeit

20 **astu** (gr. Akk.): (Innen-)Stadt (von Athen) – **contio, -onis:** Volksversammlung – **advocare:** anrufen, einberufen – **quin:** dass nicht

25 **opera** h.: Zutun – **pellere** ~ *expellere*; **pulsus fuerat** ~ *pulsus erat*

Das Zentrum des Piräus, des Hafens von Athen, heute

Alkibiades – ein Psychagoge

„Es wurde nunmehr eine Volksversammlung abgehalten, in der Alkibiades auftrat und seinen Leidensweg unter Tränen und Klagen erzählte; dem Volk machte er nur wenige und gelinde Vorwürfe und schrieb dagegen alles, was ihm begegnet war, einem bösen Geschick oder neidischen Genius zu. Schließlich sprach er noch ausführlich über die Aussichten der feindlichen Spartaner und ermahnte die Bürger, Mut zu fassen. Das Volk beschenkte ihn hierauf mit goldenen Kronen und erwählte ihn zum obersten Befehlshaber sowohl zu Wasser als zu Lande. [...] So glänzend nun auch das Glück war, das Alkibiades jetzt genoss, so verursachte doch bei manchem die Zeit seiner Rückkehr Besorgnisse.“ (Plutarch, *Alc.* 33)

1. Stelle Wörter und Wendungen zusammen, aus denen hervorgeht, welche Wirkung Alkibiades bei seiner Ankunft im Piräus erzielte. Versuche selbst das Ereignis nach deiner Vorstellung in ein Bild umzusetzen.
2. Wodurch gelang es Alkibiades, die Sympathie seiner Landsleute wiederzugewinnen? Welcher lateinische Begriff des Textes drückt diese „Sympathie“ aus?
3. Alkibiades hielt vor dem versammelten Volk eine Rede. Er konnte offensichtlich auf dessen Stimmungslage geschickt Einfluss nehmen. Dieses Vermögen nennt man Psychagogie („Seelenlenkung“). Was könnte Alkibiades gesagt haben? Schreibe mit Hilfe der Angaben im z-Text eine kleine Rede.
4. Warum verursachte bei manchen Athenern die Rückkehr des Alkibiades „Besorgnisse“ (z-Text)? Denke dabei an den Charakter des Mannes.
5. Begründe anhand der Angaben im Text die Überschrift des Kapitels.

7. Der Untergang des Helden

Die Hochstimmung hielt in Athen nicht lange an. Noch während sich Alkibiades in der Stadt aufhielt, schlugen die Spartaner im Bunde mit den Persern die athenische Flotte vernichtend. Alkibiades wurde abgesetzt; er begab sich nach Thrakien, wo er Besitztümer hatte. Sein weiteres Hilfsangebot wurde abgelehnt. Athen erlitt 405 die entscheidende Niederlage und kapitulierte. In Athen wurden von den Spartanern die „Dreißig Tyrannen“ eingesetzt. Alkibiades flüchtete nach Phrygien zum Satrapen Pharnabazos, über den er „zur Befreiung seiner Vaterstadt“ Verbindung mit dem Perserkönig aufnehmen wollte. Doch die „Tyrannen“ in Athen veranlassten Pharnabazos, gegen Alkibiades vorzugehen.

Pharnabazus misit Susamithrem et Bagaeum ad Alcibiadem interficiendum,
  cum ille esset in Phrygia iterque ad regem pararet.
Missi clam vicinitati,
  in qua tum Alcibiades erat,
dant negotium.
  ut eum interficiant.
Illi,
  cum ferro aggredi non auderent,
noctu ligna contulerunt circa casam eam,
  in qua quiescebat,
eamque succenderunt,
  ut incendio conficerent,
    quem manu superari posse diffidebant.
Ille autem,
  ut sonitu flammae est excitatus,
  etsi gladius eius erat subductus,
familiaris sui subalare telum eripuit.
Namque erat cum eo quidam ex Arcadia hospes,
  qui numquam discedere voluerat.

Susamithres, -is: Susamithres – **Bagaeus:** Bagaios (beide Männer sind Verwandte des Pharnabazos (↗ R) – **vicinitas, -atis:** Nachbarschaft, h.: Leute der Nachbarschaft

negotium dare: den Auftrag geben

noctu (Adv.): nachts – **lignum:** Holz – **casa:** Hütte – **succendere** (*succendi*): anzünden – **conficere** (*confeci, confectum*) h.: erledigen, töten – **diffidere:** misstrauen, nicht glauben – Ⓚ *quem ... posse diffidebant*: verschränkter Rel.-Satz (von dem sie nicht glaubten, dass er ...)

sonitus, -us: Klang, h.: Prasseln – **subducere:** entziehen, wegnehmen – **subalare telum:** unter der Achsel (*ala*) getragener Dolch – **eripere** (*eripui*): herausreißen, zücken – **Arcadia:** Arkadien (↗ R)

Hunc sequi se iubet et id,
quod in praesentia vestimentorum fuit,
arripit.
His in ignem coniectis flammae vim transiit.
Quem ut barbari incendium effugisse viderunt,
telis eminus missis interfecerunt caputque eius ad Pharnabazum rettulerunt.
Sic Alcibiades annos circiter quadraginta natus diem obiit supremum.

(*Alc.* 10,3-6, m.A.)

Der Terror der Dreißig

Nach der Niederlage im Peloponnesischen Krieg war Athen ganz dem Willen der Sieger ausgeliefert. Sparta widersetzte sich zwar der Forderung von Korinth und Theben, die Stadt völlig zu zerstören; man dürfe – so argumentierten die Spartaner nach dem Bericht des zeitgenössischen Historikers Xenophon – „eine Griechenstadt nicht versklaven, die Hellas einst in größter Not viel Gutes getan habe". Doch setzten sie mit der Regierungskommission von 30 Bürgern, den sogenannten Dreißig Tyrannen, ein Schreckensregiment ein, das alle unbequemen Leute brutal durch Hinrichtungen aus dem Weg räumte und die Ideale der Demokratie, vor allem Freiheit und Gerechtigkeit, mit den Füßen trat – eine Entwicklung, an der Alkibiades nicht schuldlos war.

Ein dramatisches Szenario

Abschnitte	Verbindungen	Personen	Leitwörter	Tempora
1.	–	*Pharnabazus*	*ad interficiendum*	*misit*
2.	*missi*	*<Susamithres et Bagaeus>*	*ut … interficiant*	*dant negotium*
3.	…	–	…	…
usw.	usw.	usw.	usw.	usw.

Trage die Liste in entsprechender Größe in dein Interpretationsheft ein und fülle die Spalten entsprechend den vorgegebenen Mustern von Abschnitt 1 und 2. Orientiere dich dabei jeweils an folgenden Aufgaben und Fragen:

1. Gliedere den Text in Abschnitte. Welche Wörter oder Wendungen stellen dabei jeweils die Verbindung her?
2. Welche Leitwörter bestimmen den Vorgang im jeweiligen Abschnitt? Welche Tempora stehen in den Hauptsätzen?
3. Inwiefern zeigt sich an den sprachlichen Mitteln, dass Nepos dieses Ereignis dramatisch gestalten will? Warum hat er dies so beabsichtigt?

---

in praesentia esse: im Augenblick dasein – **vestimentum** (← *vestis*): Kleidungsstück
Ⓚ *quem*: Rel. Satzanschluss – **eminus** (Adv.): aus der Ferne – **referre** (*rettuli*) h.: überbringen – **diem supremum obire:** sterben

Aus anderer Quelle:
„Die Leute, die gegen ihn ausgeschickt worden waren, wagten es nicht, zu ihm hinzugehen, sondern umringten das Haus und steckten es in Brand. Wie Alkibiades es bemerkte, raffte er die meisten Kleider und Decken zusammen und warf sie auf das Feuer, dann wickelte er seinen Mantel um die linke Hand, nahm in die rechte seinen Degen und sprang unversehrt durch das Feuer, ehe noch jene Decken verbrannt waren. Sein Anblick zerstreute sogleich die Barbaren, keiner getraute sich ihn aufzuhalten oder anzugreifen, aber sie schossen von ferne mit Speeren und Pfeilen nach ihm."

(Plutarch, *Alc.* 39)

Stelle selbst den „Untergang des Helden" in einem dramatischen Romanbericht dar, in dem du die Informationen aus Nepos und Plutarch verwendest.

8. Alkibiades im Urteil der Nachwelt

Nepos würdigt am Ende seiner Biografie Alkibiades positiv, wobei er sich, wie er selbst sagt, an die historischen Quellen hält: an den Zeitgenossen Thukydides, an die späteren Geschichtsschreiber Theopompos und Timaios. Alkibiades habe in Athen alle an Glanz und Würde überragt, in Theben sei er durch seine physische Leistungskraft Spitze gewesen, die Lakedaimonier seien von ihm an Sparsamkeit und asketischem Lebenswandel übertroffen worden, bei den trinkfesten und liebestollen Thrakern habe er sich durch eben diese Fähigkeiten hervorgetan. Aus der Überlieferung sei weiterhin bekannt:

Venisse ad Persas,
  apud quos summa laus esset fortiter venari, luxuriose vivere.
Horum sic imitatum esse consuetudinem,
  ut illi ipsi eum in his maxime admirarentur.
Quibus rebus effecisse,
  ut,
    apud quoscumque esset,
  princeps poneretur haberetur que carissimus.

(*Alc.* 11,5-6)

Ⓚ 1-8: Oratio obliqua ↗ Anhang S. 114 – **venari:** jagen – **luxuriosus:** ausschweifend, üppig, luxuriös – **consuetudo, -inis:** Gewohnheit, Lebensart – **admirari** ~ *mirari*
princeps, -ipis: Erster, Führender – **ponere alqm** h.: jdn. halten für, beurteilen als

Z5 Kleine Randfigur der Weltgeschichte

„Trotz seiner ganz unverkennbaren Begabung war Alkibiades ein Unglück für Athen, seine Leistungen sind nicht von Dauer gewesen. Mit dem Eintreten für die Sizilische Expedition im Jahre 415 hat er eine Entwicklung inauguriert, die letzten Endes zum Niedergang der griechischen Welt geführt hat. Es war dies eine weltpolitische Wende, die zwar nicht den Zeitgenossen, wohl aber den Späteren voll zu Bewusstsein gekommen ist. Und an dieser Entwicklung sind nicht das Schicksal und der Zufall Schuld, sondern in erster Linie jener Mann ..."

(Hermann Bengtson, *Griechische Staatsmänner des 5. und 4. Jh.s v. Chr.*, 1983)

Z6 Ein Mann – geliebt und gehasst

„So hat dieser Mann in einer Zeit, die vor lauter Gedanken ratlos war, gewirkt, hat Erfolge gehabt und Misserfolge, der Stadt genützt und sie verraten. Und sie hat ihn, wie es später bei Aristoteles heißt, geliebt und gehasst und ist von ihm nicht losgekommen."

(Christian Meier, *Athen – Ein Neubeginn der Weltgeschichte*, 1997)

a

1. Welche Eigenschaft des Alkibiades bringt Nepos dazu, dass er über ihn am Ende eine positive Bilanz zieht? Welchen Grund kannst du dafür angeben?
2. Warum verurteilt wohl der Historiker Bengston in Z5 den Griechen so radikal? Auf welchen Wesenszug des Alkibiades ist das Urteil von Christian Meier in Z6 zurückzuführen? Wie lässt sich dieses Urteil von den gelesenen Texten her begründen?
3. Schreibe für die folgende Zeitung einen Kurzbericht über Leben und Schicksal des Alkibiades.

Geschichte der Menschheit

Was wir heute von damals wissen, wird hier zu neuem Leben gebraucht

BERICHTET IM STIL EINER ZEITUNG

Wer die Vergangenheit kennt, fürchtet die Zukunft nicht mehr!

Das Genie starb gewaltsam in der Fremde

Die Leute, die gegen ihn ausgeschickt worden waren, wagten es nicht, zu ihm hinzugehen, sondern umringten das Haus und steckten es in Brand. Wie Alkibiades es bemerkte, raffte er die meisten Kleider und Decken zusammen und warf sie auf das Feuer, dann wickelte er seinen Mantel um die linke Hand, nahm in die rechte seinen Degen und sprang unversehrt durch das Feuer, ehe noch jene Decken verbrannt waren. Sein Anblick zerstreute sogleich die Barbaren, keiner getraute sich ihn aufzuhalten oder anzugreifen, aber sie schossen von ferne mit Speeren und Pfeilen nach ihm.

Alkibiades

3 Thrasybulos

Der Kämpfer für die Demokratie

Der Peloponnesische Krieg, den Athen und Sparta gegen Ende des 5. Jh.s v. Chr. um die Hegemonie in Griechenland führten, war im Grunde der Kampf zwischen zwei gegensätzlichen Staatsordnungen. Hier der Kulturstaat Athen mit demokratischer Verfassung, dort der Militärstaat Sparta mit Königen an der Spitze. Auf der einen Seite die einzigartige Konzentration auf Krieg und Athletik und dafür Verzicht auf das, was wir Kultur nennen, auf der anderen Seite die glanzvolle Demonstration von Geisteskraft und Kulturverstand, doch auch die Äußerung von erfinderischer Genialität, wenn es darum ging, die Macht zu gewinnen und zu erhalten. Die strenge Disziplin der Spartaner stand gegen den eher labilen Freiheitssinn der Athener.
Nach dem Sieg über Athen ging es den Spartanern auch darum, der Demokratie ein Ende zu machen. Sie übertrugen einigen wenigen Männern, den Oligarchen, die Leitung der Stadt. Man nannte diese Herrscher die „Dreißig Tyrannen". Ihr Vorgehen war in der Tat tyrannisch; sie wollten durch Festnahme und Hinrichtung der demokratischen Führer das ganze Gefüge der bisherigen Staatsform zerstören, ohne Rücksicht auf das Gemeinwohl der Bürger, für das sie die Verantwortung trugen.
Ein Widerspruchsgeist, der damals in Athen stadtbekannt war und mit seinen kritischen Fragen den Leuten auf die Nerven ging, hatte für diese neuen Machthaber nur Spott übrig, nämlich der Philosoph Sokrates. Er soll an sie die Fragen gerichtet haben:
„Ich bin erstaunt, wenn ich einen Hirten finde, der sich damit brüstet, die Anzahl seiner Tiere zu vermindern und ihren Zustand zu verschlechtern. Sollte er nicht zugeben, ein schlechter Hirte zu sein? Ich bin noch erstaunter, wenn ich einen Staatsmann sehe, der sich damit brüstet, die Zahl der Untergebenen zu vermindern und ihren Zustand zu verschlechtern. Sollte er nicht zugeben, ein schlechter Staatsmann zu sein?"
Verständlich, dass dieser freisinnige Kritiker alsbald auf der Abschussliste der spartanischen Vasallen stand. Als deren Blutbad unter den Demokraten nicht enden wollte, formierte sich unter den empörten Athenern der Widerstand; an ihre Spitze trat Thrasybulos, ein leidenschaftlicher Demokrat, der vor den Dreißig aus Athen geflohen war. Er hatte schon lange zuvor als Flottenadmiral bei der Insel Samos die Soldaten auf den Schiffen den Eid auf die Demokratie schwören lassen.
Thrasybulos' Ziel war es, durch Kampf die oligarchische Herrschaft in Athen zu beseitigen. Die Stadt sollte wieder zu jener Staatsform zurückkehren, die fast 100 Jahre lang für Freiheit und Kultur der beste Nährboden gewesen war.

1. Er hat die Stadt von den Tyrannen befreit

Die „Dreißig Tyrannen“, die von Sparta 404 v. Chr. in Athen eingesetzt worden waren, übten eine Schreckensherrschaft aus. Viele flohen aus der Stadt; sehr viele wurden verbannt oder gar hingerichtet. Niemand wagte sich zu widersetzen. Nur einer, der von außen kam, brachte der bedrängten Heimatstadt Hilfe.

Thrasybulos, Lyci filius, Atheniensis.
  Si per se virtus sine fortuna ponderanda est,
dubito,
  an hunc primum omnium ponam.
Illud sine dubio:
Neminem huic praefero fide, constantia, magnitudine animi, in patriam amore;
nam,
  quod multi voluerunt paucique potuerunt,
  ab uno tyranno patriam liberare,
huic contigit,
  ut a triginta oppressam tyrannis e servitute in libertatem vindicaret.

(*Thra.* 1,1-2)

Tyrannis – Tyrannen
Tyrannis war in der Frühzeit der griechischen Stadtstaaten eine Herrschaftsform, in der sich ein Einzelner zum Führer des Volkes machte; die bestehende Regierung der Aristokraten hatte dann immer versagt. Solche Tyrannen schützten überall das Volk gegen den Adel und suchten durch glänzende Hofhaltung und Förderung der Kunst und Dichtung Anhänger zu gewinnen. Die Tyrannen waren fast überall Förderer der Städte, die

Der griechische Schauspieler Grigoris Valtinos in der Rolle des Ödipus in Sophokles' *Oedipus rex.*

---

ponderare: abwägen, beurteilen – **dubium:** Zweifel
5 **praeferre alci alqa re:** jdm. in etwas den Vorzug geben – **constantia** (← *constans*): Standhaftigkeit, Charakterfestigkeit – Ⓚ Erg. *<id>*, *quod*
10 Ⓚ *ab uno ... liberare*: erklärender Infinitiv zum *quod*-Satz (nämlich ... zu ...) – **tyrannus:** Tyrann, Gewaltherrscher – Ⓚ Ordne und erg.: *ut <patriam> a triginta tyrannis oppressam ...* – **in libertatem vindicare:** in die Freiheit führen, befreien

durch sie auch für später große Macht bekamen. Das griechische Wort *tyrannos* hatte also noch keinen üblen Klang. Der Dichter Sophokles z.B. hat für seine Tragödie, in der er den Mythos von Ödipus, dem Herrscher über Theben, darstellt, den Titel *Oidipous tyrannos* gewählt; als dieser, um seine Heimatstadt von der Pest zu befreien, gemäß einem Orakelspruch nach dem Mörder seines Vaters suchte, entdeckte er sich selbst und blendete sich zur Strafe. Den negativen Sinn bekam das Wort „Tyrann" erst, als der damit bezeichnete Herrscher in Auseinandersetzung zur aufkommenden Demokratie geriet, besonders in Athen. Am Ende des Peloponnesischen Krieges galten Tyrannen bereits als Schreckensherrscher wie heute.

a

1. Wie beurteilt Nepos den Thrasybulos? Stelle die Eigenschaften fest, die an ihm gerühmt werden. Wie sind diese sprachlich und stilistisch als Einheit gestaltet?
2. Welches stilistische Mittel setzt Nepos ein, um Thrasybulos gebührend zu würdigen? Beschreibe die Leistung des Mannes, die ihm eine überragende Bedeutung eingebracht hat.
3. Informiere dich in einem Theaterlexikon oder im Internet über den Inhalt der Tragödie *Oidipous tyrannos.* Berichte darüber vor der Klasse.

2. Der Demokrat griff an

Thrasybulos, ein leidenschaftlicher Demokrat, betrieb von außen den Sturz der Tyrannen; die attische Flotte hatte er schon auf seine Seite gebracht. Nun ging er auf dem Festland zum Angriff über.

Cum triginta praepositi a Lacedaemoniis servitute oppressas tenerent Athenas,
plurimos cives,
quibus in bello pepercerat fortuna,
partim patria expulissent, partim interfecissent,
plurimorum bona publicata inter se divisissent,
non solum princeps, sed etiam solus initio bellum iis indixit.
Hic enim cum Phylen confugisset,
quod est castellum in Attica munitissimum,
non plus habuit secum quam triginta de suis.

---

praeponere: an die Spitze stellen, mit der Herrschaft betrauen – **Lacedaemonii:** Lakedaimonier (↗ R)
partim ... partim: teils ... teils – **publicare:** einziehen, beschlagnahmen – **princeps** (präd.): als erster – **initio** (Adv.): anfangs – **bellum indicere:** den Krieg erklären – **Phyle** (gr. Akk.: -en): Phyle, athenische Grenzfestung gegen Böotien – **castellum, -i:** Festung, Stützpunkt – **munitus** (← *munire*): befestigt

Hoc initium fuit salutis Actaeorum, hoc robur libertatis clarissimae civitatis.

Neque vero hic non contemptus est primo a tyrannis atque eius solitudo.

Quae quidem res et illis contemnentibus perniciei et huic despecto saluti fuit.

Haec enim illos segnes ad persequendum,
hos autem tempore ad comparandum dato fecit robustiores.

Neque tamen pro opinione Thrasybuli auctae sunt opes.

Nam iam tum illis temporibus fortius boni pro libertate loquebantur
quam pugnabant.

Hinc in Piraeum transiit Munichiamque munivit.

(*Thra.* 1,5-2,4 m.A.)

Die Rettung kam von außen

„Eine kleine Schar athenischer Verbannter und Emigranten unter Thrasybul setzte sich von Böotien aus im Handstreich in den Besitz des Kastells Phyle auf den Vorhöhen des Parnass. Nach einem Erfolg über die spartanische Besatzung und nach der Einnahme der Munichia kontrollierte Thrasybul die Lebensader Athens, den Piräus.“

(Jochen Bleicken, *Die athenische Demokratie*, 1994)

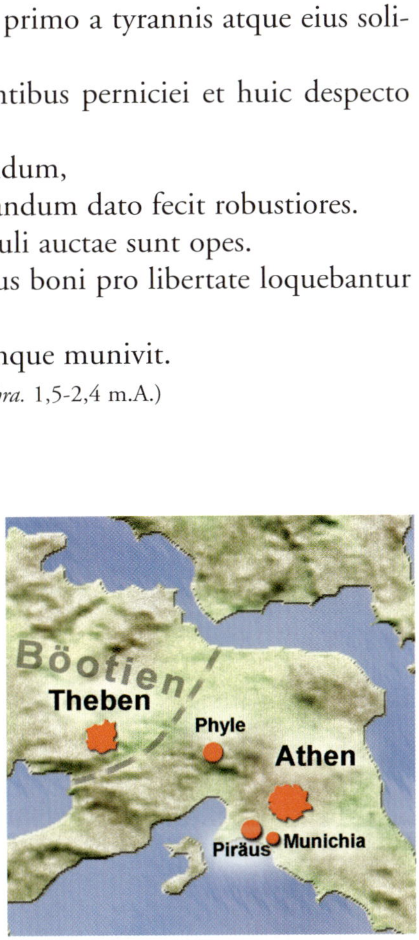

1. Worin äußerte sich die Schreckensherrschaft der „Dreißig“? Nenne die lateinischen Wendungen im Text.
2. Warum konnte Thrasybulos am Anfang gegen die Mächtigen erfolgreich sein (↗ auch i2)?
3. Erläutere, welches Motiv Thrasybulos bestimmte.

Actaei, -orum ~ *Attici*, Bewohner von Attika – **robur, -oris:** Kraft, feste Stütze – **neque ... non contemnere:** (doppelte Verneinung verstärkt positiv) völlig missachten – **solitudo, -inis:** Alleinsein, Verlassenheit – Ⓚ *contemptus est* auch auf *solitudo* zu beziehen Ⓚ *perniciei alci esse*: Dat. fin. (jdm. zum Verderben werden) – **despicere** (*despexi, despectum*): verachten – Ⓚ Erg. *haec* <*res*> – **segnis, -e:** träg, nachlässig – **facere alqm bonum:** jdn. tüchtig machen – **robustus** (← *robur*): stark, energisch – **pro opinione alcs:** entsprechend der Erwartung jmds., erwartungsgemäß für jdn. – **opes, -um** h.: Macht
Piraeus: griech. Peiraieus (dt. Piräus) (↗ R) – **Munichia:** Munichia, ein strategisch wichtiger Hügel, der den Piräus beherrscht

3. Die Demokratie kehrte zurück

Zwischen den Angreifern und Verteidigern Athens kam es zum Kampf. Die Dreißig Tyrannen und deren Anhänger unterlagen. Kritias, einer ihrer Anführer, fiel. Doch der Konflikt zwischen den Oligarchen und Demokraten ging weiter.

Tum Pausanias venit Atticis auxilio, rex Lacedaemoniorum.
Is inter Thrasybulum et eos,
   qui urbem tenebant,
fecit pacem his condicionibus:
   ne qui praeter triginta tyrannos et decem,
      qui postea praetores creati superioris more crudelitatis erant usi,
   afficerentur exilio neve bona publicarentur,
   rei publicae procuratio populo redderetur.

Praeclarum hoc quoque Thrasybuli,
   quod reconciliata pace,
      cum plurimum in civitate posset,
   legem tulit,
      ne quis ante actarum rerum accusaretur neve multaretur,
eamque Athenienses legem oblivionis appellaverunt.

(*Thra.* 3,1-2)

Viele in Angst
„Schon im Herbst 403 wurde dann in Athen wieder die Demokratie aufgerichtet – mit der Folge, dass nun viele Athener, die im Auftrag der „Dreißig" gekämpft hatten, trotz der versöhnlichen Politik der Machthaber wegen ihrer oligarchisch geprägten Einstellung in Angst gerieten."

(Kai Brodersen, Hg.: *Große Gestalten der griechischen Antike*, 1999)

Pausanias: König in Sparta (404-394 v. Chr.) – **venire alci auxilio** (Dat. fin.): jdm. zu Hilfe kommen

qui ~ *aliqui* – **praetor, -oris:** Stratege (h.: Mitglied der von Sparta eingesetzten Militärregierung); Ⓚ *praetores creati*: Part. coni. (nachdem sie zu Strategen gewählt worden waren) – **superior, -oris** h.: früher – **crudelitas, -atis** (← *crudelis*): Grausamkeit – **afficere alqm exilio:** jdn. verbannen – **neve:** und nicht – **publicare:** einziehen, beschlagnahmen – **procuratio, -onis:** Verwaltung – Ⓚ *praeclarum hoc quoque Thrasybuli <factum est>*

reconciliare: wiedergewinnen, wiederherstellen – **legem ferre:** ein Gesetz einbringen – **ante actae res:** früher begangene Taten – **multare:** bestrafen – **oblivio, -onis** (← *oblivisci*): Vergessen

a

1. Welches ist der Leitbegriff, unter dem sowohl die Bemühungen des Pausanias wie auch die des Thrasybulos bei der Beendigung des Kampfes stehen? Was war das politische Ziel der beiden Männer?
2. Stelle die Charaktereigenschaften zusammen, die Nepos dem Pausanias und dem Thrasybulos zugeschrieben hat. Nenne die einschlägigen Wörter und Wendungen im Text.
3. Welche Aussage im Text bestätigt die Überschrift über dieses Kapitel? Wie beurteilst du im Hinblick auf den erreichten Zustand die *lex oblivionis*? Welcher Begriff gilt dafür heute?
4. War nach den Aussagen des Nepos die Angst der Oligarchen, von der im i-Text gesprochen wird, bei Wiedereinführung der Demokratie berechtigt? Begründe deine Antwort.

Die Agora, „Marktplatz“ von Athen heute, am Fuße der Akropolis gelegen. Hier stand einst, so verkünden es die Fremdenführer, die „Wiege der Demokratie“. Hier spielte sich das öffentliche Leben ab; das war auch der Ort, an dem Sokrates mit den Menschen, besonders den jungen, über den Staat, das Glück und das Leben sowie über die Werte, die dieses tragen, diskutierte – gerade auch zur Zeit des Thrasybulos.

4. Von der Stadt geehrt – von Barbaren erschlagen

Thrasybulos' Bemühen um den Ausgleich der Gegensätze fand Anerkennung in der Stadt. Dies äußerte sich auch in Taten.

Huic pro tantis meritis honoris causa corona a populo data est,
facta duabus virgulis oleaginis.
  Quam quod amor civium tribuerat et non vis expresserat,
nullam habuit invidiam magnaque fuit gloria.
Illa autem corona contentus
Thrasybulos neque amplius requisivit
neque quemquam honore se antecessisse existimavit.
Hic sequenti tempore,
  cum praetor classem ad Ciliciam appulisset,
  neque satis diligenter in castris eius agerentur vigiliae,
a barbaris ex oppido noctu eruptione facta in tabernaculo interfectus est.

(*Thra.* 4,1-4, m.A.)

Münze aus Athen. Um 440 v. Chr. Privatsammlung. Der Olivenzweig bzw. -kranz war ein in Athen beliebtes Ehrensymbol

Ein unverdientes Ende

„Thrasybulos trieb, um seinem Heer möglichst gute Schlagkraft zu geben, in mehreren Städten Kleinasiens Geld ein und kam auf diese Weise bis nach Aspendos in Kilikien, wo er in der Mündung des Eurymedon-Flusses vor Anker ging. Schon hatte er von den Aspendiern Geld erhalten, als diese über irgendwelche Ausschreitungen seiner Soldaten, die noch die Felder plünderten, in Zorn gerieten, bei Nacht einen Überfall unternahmen und ihn in seinem Zelt erschlugen.
Auf diese Weise fand Thrasybulos, der als ein tüchtiger und anständiger Mann allgemein in hohem Ansehen gestanden hatte, sein Ende."

(Xenophon, *Hellenika* 4,8,30)

---

meritum: das Verdienst – **corona:** Kranz, Krone – **virgula:** Zweig – **oleaginus:** vom Olivenbaum – Ⓚ *quam*: Rel.-Satzanschluss, zu bez. auf *corona* – **exprimere** (*expressi, expressum*): erpressen, abtrotzen

5 **amplius** (Adv.): mehr – **antecedere alqm alqa re:** jdn. in etwas übertreffen – **sequenti tempore:** in der folgenden Zeit – **praetor** (präd.): als Stratege, Flottenkapitän – **classem appellere** (*appuli*): eine Flotte anlanden – **Cilicia:** Kilikien (Landschaft in Kleinasien)

10 **vigilias agere:** Nachtwache halten – **eruptionem facere:** einen Ausfall (aus einer belagerten Stadt) machen – **tabernaculum:** Zelt, Hütte

a

1. Womit wurde Thrasybulos geehrt? Überlege, welcher Ehrung eines Politikers dies heute entsprechen könnte?
2. Wie verhielt sich der Athener gegenüber dieser hohen Anerkennung vonseiten seiner Heimatstadt?
3. Vergleiche die Texte von Nepos und Xenophon miteinander. Welche Informationen über den Tod des Thrasybulos sind identisch, welche verschieden oder ausführlicher?
4. Schreibe einen kurzen Nachruf auf den Gefallenen.

Z

Kein Ruhmesblatt für die neue Demokratie

Nach dem Ende der Schreckensherrschaft der „Dreißig" und der Versöhnung der feindlichen Parteien wurde die Demokratie in Athen gleichsam von Neuem begründet. Sie ging aus dem Niedergang der Stadt erstaunlich gestärkt hervor. Und doch blieb ein dunkler Punkt in dieser Geschichte: 399 v. Chr., also vier Jahre nach dem Ende des großen Krieges, wurde der Philosoph Sokrates, einer der bekanntesten Bürger Athens, hingerichtet. Er war ein Freigeist, er war auch Lehrer einiger Männer des oligarchischen Regiments gewesen, z.B. von deren Anführer Kritias; doch er war patriotisch gesinnt und hielt sich konsequent an die Gesetze des Staates. Warum wurde er dann angeklagt? Was hatte man ihm vorzuwerfen?

Jacques-Louis David: Der Tod des Sokrates, 1787.
New York, The Metropolitan Museum of Art

Socrates senex septuaginta annorum
  cum omnium sapientissimus esset sanctissimeque vixisset,
ab inimicis accusatus est,
  quod adulescentes corrupisset et deos patrios negavisset novosque introduxisset.
In iudicio capitis autem ita se defendit,
  ut non supplex aut reus, sed magister et dominus videretur esse iudicum.
Negavit enim se umquam proposita sua aut consuetudinem mutaturum esse,
  quia dis magis obtemperandum esset quam hominibus.
Se autem Atheniensibus a dis dono datum esse.
  Si se ipsum capitis condemnarent iudices,
eos Atheniensibus maius damnum illaturos esse quam sibi ipsi.

(Nach Cicero, *De oratore* 1,231)

1. Welche Vorwürfe wurden Sokrates gemacht, die zum Todesurteil gegen ihn geführt haben?
2. Lässt sich in diesem Vorgehen gegen den Philosophen ein Widerspruch zu den Prinzipien einer Demokratie feststellen? Wie urteilst du selbst darüber?

---

sanctus: ehrwürdig, heilig, fromm
introducere: einführen – **iudicium capitis:** Prozess auf Leben und Tod – **reus:** Angeklagter – **magister, -stri:** Lehrer – **propositum:** Absicht, Vorsatz, Plan, Ziel
obtemperare: gehorchen – Ⓚ *Se ... datum esse. Si ... illaturos*: Oratio obliqua (↗ S. 114), (h.: noch abh. von *negavit*) – **dis** ~ *deis* – Ⓚ *dono dare*: Dat. fin. (zum Geschenk geben) – **capitis condemnare:** zum Tod verurteilen – **damnum:** Schaden

Griechenlands universales Ausgreifen im 4. Jahrhundert v. Chr.

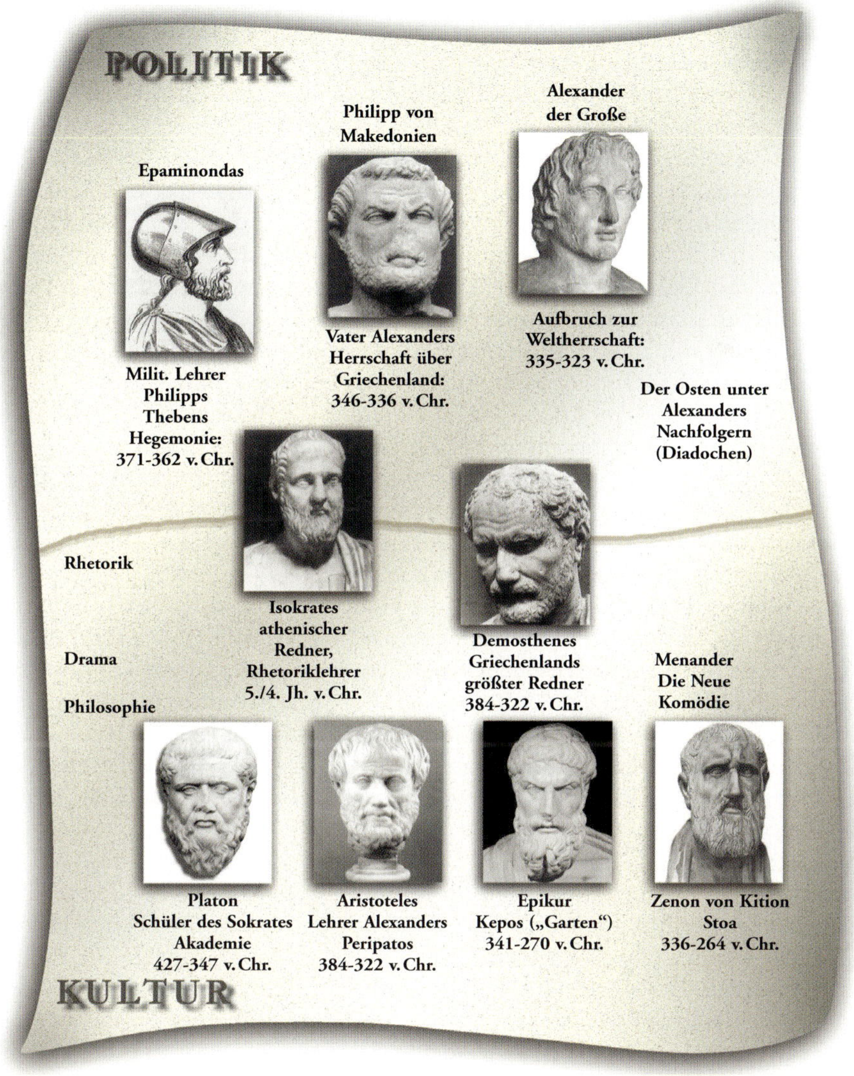

a

1. Mit Alexander haben die Griechen die Welt zu erobern begonnen. Skizziere den „Alexanderzug" auf eine Folie und zeige ihn durch Overhead-Projektion deiner Klasse.
2. In der Antike gab es vier Philosophenschulen. Je ein „Philosophen-Spezialist" in der Klasse soll kurz über die Akademie, den Peripatos, den Kepos und die Stoa berichten.

4 Epaminondas

Kein geborener Held

Epaminondas galt in der Antike als Muster eines Helden. An sein beispielhaftes Verhalten wird in der römischen Literatur oft erinnert, wenn man Vaterlandsliebe in unerschrockenem Kriegseinsatz verwirklicht sah.
Doch schien der Lebensweg dieses Mannes in eine andere Richtung angelegt gewesen zu sein, keineswegs hin zu Kriegsdienst und Politik. Nepos schreibt: „Epaminondas lernte als Knabe von Dionysius, einem berühmten Musiker, das Schlagen der Leier und das Singen zur Begleitung der Saiten, von Olympiodorus das Flötenspiel und von Kalliphron das Tanzen. In der Philosophie wurde er von Lysis aus Tarent, einem Pythagoreer, unterwiesen; diesem war er so zugetan, dass er die Gesellschaft des griesgrämigen, gestrengen Greises dem Umgang mit all seinen Altersgenossen vorzog, bis er seinen Mitschülern in philosophischer Bildung weit voraus war." (*Epam.* 2,1-2)
Der Jüngling war von Anfang an ein Freund der Musen und wollte sich durch Geisteskraft hervortun. Sein Ehrgeiz freilich ließ erkennen, dass er nach Höherem strebte. Mit fortschreitendem Alter stählte er seinen Körper und machte ihn durch Ringen kampftauglich. Dabei eignete er sich Qualitäten an, die ihn zum Amt des Feldherrn befähigten, ihm also eine führende Rolle in seiner Heimatstadt ermöglichten.
Seine politische Arena war Theben, die Hauptstadt Boiotiens in Mittelgriechenland; sie entwickelte sich in der ersten Hälfte des 4. Jh.s v. Chr. neben Athen und Sparta zur dritten hellenischen Großmacht. Der Konflikt mit Sparta, dem Sieger im Peloponnesischen Krieg, war geradezu vorprogrammiert. Die Spartaner duldeten keine Konkurrenz. Als sie 388 v. Chr. die Burg von Theben, die Kadmeia, besetzt hatten, gelang es dem aufstrebenden Epaminondas, die Stadt von den Aggressoren zu befreien. Von da an war er der thebanische Spitzenmann.
Sein strategisches Genie bewies er endgültig in der Schlacht bei Leuktra knapp 20 Jahre später, wiederum im Kampf gegen die angreifenden Spartaner; mit der berühmt gewordenen „schiefen Schlachtordnung", nämlich mit einer 50 Mann tiefen Angriffsformation auf dem linken Flügel, überrannte er die Gegner. Bei einem Gegenangriff kam es 362 v. Chr. auf der Peloponnes zur Schlacht bei Mantineia, in der Epaminondas den Nimbus eines Helden bekam; er starb nach einer tödlichen Verwundung.
Weil danach ein „gemeinsamer Frieden" unter den Griechen geschlossen wurde, errichteten die Thebaner ihrem Helden auf der Kadmeia ein Denkmal mit der Inschrift „Befreier Griechenlands". Durch Epaminondas' Wirken war Theben zu einem hellenischen Bildungszentrum geworden. Der junge Philipp, später König von Makedonien und Vater Alexanders des Großen, soll auf der thebanischen Militärakademie studiert haben, und zwar Manneszucht und Anwendung der Phalanx, also die Disziplinen, die Epaminondas in herausragendem Maße beherrschte.

1. Nach griechischer Art erzogen

Epaminondas, Polymnidis filius, Thebanus.
De hoc priusquam scribimus,
haec praecipienda videntur lectoribus,
ne alienos mores ad suos referant
neve ea,
quae ipsis leviora sunt,
pari modo apud ceteros fuisse arbitrentur.

Scimus enim musicen nostris moribus abesse a principis persona,
saltare vero etiam in vitiis poni:
Quae omnia apud Graecos et grata et laude digna ducuntur.
Natus ergo patre,
quo diximus,
genere honesto, pauper iam a maioribus relictus,
eruditus autem sic, ut nemo Thebanus magis.
nam et citharizare et cantare ad chordarum sonum doctus est a Dionysio,
cantare tibiis ab Olympiodoro, saltare a Calliphrone.
At philosophiae praeceptorem habuit Lysim Tarentinum, Pythagoreum.
Quae ad nostram consuetudinem sunt levia et potius contemnenda;
at in Graecia, utique olim, magnae laudi erant.

(*Epam.* 1,1-2; 2,1-3, m.A.)

Thebanus: Bewohner von Theben, der Hauptstadt Böotiens (↗ R Karte S. 66) – Ⓚ Erg. *praecipienda <esse>* – **lector, -oris** (← *legere*): Leser – **referre ad alqd:** auf etwas beziehen, nach etwas beurteilen

neve: und nicht – **levis, -e** h.: unbedeutend, minderwertig – **pari modo esse:** von gleicher Art sein, gleich viel gelten – **musice** (gr. Akk. *-cen*): Musik – **abesse alqa re:** fern sein von etwas, nicht zu etwas passen – **persona:** Persönlichkeit, Person – **saltare:** tanzen

natus alqo (Abl. der Herkunft): abstammend von jdm. – Ⓚ *quo <eum natum esse> diximus* – Ⓚ *genere honesto*: noch abh. von *natus* – **erudire:** erziehen, bilden

citharizare: auf der Kithara (Leier ↗ R) spielen – **chorda:** Saite – **tibiis cantare:** auf der Flöte spielen – **Olympiodorus:** Olympiodoros (Musiklehrer) – **Calliphron, -onis:** Kalliphron (Tanzlehrer) – **praeceptor, -oris** (← *praecipere*): Lehrer – **Lysis Tarentinus:** Lysis aus Tarent (Philosophielehrer) – **Pythagoreus:** Pythagoreer, Angehöriger der Schule des Pythagoras (↗ R) – **consuetudo, -inis** h.: Lebenseinstellung – **contemnere:** verachten, geringschätzen

utique: jedenfalls – **olim** (Adv.): einst, in alter Zeit

Z 1 **Tanzen – eine Unart?**

Nemo fere saltat sobrius, nisi forte insanit, neque in solitudine neque in convivio moderato neque honesto.

Fast niemand tanzt im nüchternen Zustand, es sei denn er ist von Sinnen, weder allein noch bei einem maßvollen und anständigen Gastmahl.

(Cicero, *Pro Murena* 6,13)

Griechischer Musiker, der zu den Klängen seines Tympanon (Tamburins) tanzt.
Mosaik aus der sogenannten Villa des Cicero in Pompeij, 1. Jh. n. Chr.
(geschaffen nach dem Vorbild des Dioskurides aus Samos)

a

1. Zu welcher Haltung will Nepos seine Leser gewinnen? Welchen modernen Gedanken erkennst du hier?
2. Nenne die Merkmale, die Epaminondas' Abkunft und Jugendzeit kennzeichnen. Stelle die Bildungsziele zusammen, die Epaminondas von Jugend an verfolgte. Auf welche Karriere deutete seine Ausbildung zunächst hin?
3. Wie beurteilt ein Römer eine solche Erziehung des Griechen (↗ Z1)? Was meinst du dazu?

2. Zielstrebiger Ehrgeiz

Epaminondas,
postquam ephebus est factus et palaestrae dare operam coepit,
non tam magnitudini virium servivit quam velocitati:
illam enim ad athletarum usum,
hanc ad belli existimabat utilitatem pertinere.
Itaque exercebatur plurimum currendo et luctando ad eum finem,
quoad stans complecti posset atque contendere.
In armis vero plurimum studii consumebat.

Ad hanc corporis firmitatem plura etiam animi bona accesserant.
Erat enim modestus, prudens, gravis, temporibus sapienter utens,
peritus belli, fortis manu, animo maximo, adeo veritatis diligens,
ut ne ioco quidem mentiretur.
Idem continens, clemens, patiensque admirandum in modum,
non solum populi, sed etiam amicorum ferens iniurias,
imprimis commissa celans.
Quodque interdum non minus prodest quam diserte dicere,
erat studiosus audiendi: ex hoc enim facillime disci arbitrabatur.
Paupertatem adeo facile perpessus est,
ut de re publica nihil praeter gloriam ceperit.

(*Epam.* 2,4; 3,1-4, m.A.)

---

ephebus: Ephebe, Jüngling – **palaestra:** Ringschule, Ringkampf – **operam dare alci rei:** sich um etwas bemühen, sich einer Sache widmen – **servire alci rei** h.: sich um etwas bemühen, etwas trainieren – **velocitas, -atis:** Schnelligkeit – **athleta, -ae:** Wettkämpfer, Sportler

5 **utilitas, -atis** (← *utilis*): Nutzen – **pertinere ad alqd:** sich auf etwas erstrecken, h.: zu etwas förderlich sein – **exerceri:** sich üben, trainieren – **luctari:** kämpfen, ringen – **quoad:** solange – **complecti** (*complexus sum*): umfassen, einen Griff ansetzen – **firmitas, -atis** (← *firmus*): Stärke

10 **modestus** (← *modus*): maßvoll, bescheiden – **gravis, -e:** ernst, würdevoll, charakterfest – **peritus:** erfahren – **fortis manu** (Abl. der Bez.): tapfer mit der eigenen Hand, persönlich tapfer – **diligens alcs rei:** etwas liebend, schätzend – **veritas, -atis** (← *verus*): Wahrheit – **iocus:** Scherz, Spaß – **mentiri** (*mentitus sum*): lügen – **continens, -ntis:** beherrscht – **clemens, -ntis:** mild – **patiens, -ntis** (← *pati*): ausdauernd, geduldig – **admirandus** (← *mirari*): bewundernswert, wunderbar

15 **commissa, -orum** h.: (von Freunden) begangene Fehler – **celare:** verheimlichen – **interdum** (Adv.): bisweilen – **disertus:** beredt, redegewandt – **studiosus alcs rei** (← *studere*): um etwas eifrig bemüht – **paupertas, -atis** (← *pauper*): Armut – **perpeti** (*perpessus sum*): ertragen

Reliefdarstellung von Sportlern. Um 500 v. Chr. Athen, Nationalmuseum

a

1. Epaminondas genoss, wie du in Kap. 1 gelesen hast, eine nachhaltige musische Bildung. In welchen zwei weiteren Bereichen der Bildung hat er sich gleichermaßen stark bemüht? Zitiere aus dem Text die einschlägigen Stellen.
2. Inwiefern lässt sich darin, wie Epaminondas seine Fähigkeiten und Eigenschaften zur Geltung bringt, eine gewisse Zielstrebigkeit erkennen? Was deutet hier auf seine spätere politische Karriere hin?
3. Welche Textstelle passt jeweils zu den Abbildungen über antike Sportarten?

Z 2

Das Bildungsziel des Sports bei den Griechen

„Der Grundsatz vom Sieg des Besseren ging den Griechen in Fleisch und Blut über. Der Sport hat sich schon sehr früh einen festen Platz in ihrem Leben erobert; Wettkämpfe wurden organisiert. ‚Immer der Beste zu sein' wird zum Wahlspruch und Ziel. Von Kind auf wird den Knaben sportliche Betätigung neben Musik, Schreiben und Lesen zur Pflicht. Durch Schulung von Geist und Körper nähert sich der Grieche seinen Göttern."

(Aus: *Jahrbuch Griechenland* 1987)

Z 3

Sportler in Ehren?

Angenommen, ein Mann wird Sieger durch Raschheit der Füße,
oder im Fünfkampf, dort wo der Bezirk sich des Zeus
an dem Pisa-Ufer erstreckt in Olympia, oder als Ringer,
oder auch weil er die Kunst schmerzhaften Boxens besitzt,
oder als Ringer und Boxer zugleich (eine schreckliche Kampfart):
dieser erscheint dann dem Volk würdiger, wenn es ihn sieht,
und er erhält bei Festen den Ehrenplatz zur Belohnung,
und gespeist wird er aus dem Gemeindebesitz
von der Stadt, und empfängt dazu eine kostbare Gabe ...

(Xenophanes, *Frg. 2*)

a

1. Welche Wertschätzung genießt der Sport im antiken Griechenland? Inwiefern ist er auch ein Bildungsziel (↗ Z2, Z3)?
2. Worin erkennst du zwischen Antike und Gegenwart übereinstimmende Merkmale? An welchen Hinweisen deuten sich direkt oder indirekt auch kritische Töne über den Sport an (↗ Z2)?
3. Inwiefern hebt sich das Bildungsstreben des Epaminonadas vom griechischen Sportideal ab?

Wettlaufszene auf einem griechischen Vasenbild. 6. Jh. v. Chr.
Compiègne, Musée Antoine Vivenel

3. Ein vorbildlicher Herrscher

Epaminondas ist zum führenden Politiker in Theben aufgestiegen – vor allem wegen seiner militärischen Erfolge. Unter ihm ist Theben zu einem Machtzentrum in Griechenland geworden.

Nepos stellt an mehreren Beispielen heraus, wie sehr sich Epaminondas als Mensch und Herrscher bewährt hat: im Verhältnis zu seinen Freunden, in seinen politischen Auseinandersetzungen mit den Konkurrenten in der Stadt, bei seinen Missionen zu den griechischen Verbündeten. Seine Uneigennützigkeit und Vaterlandsliebe stechen dabei hervor. Am Beispiel des Diomedes möchte der Autor einen für den Politiker unabdingbaren Charakterzug des Epaminondas vorführen. Diomedes aus Kyzikos versuchte im Auftrag des Perserkönigs Artaxerxes den thebanischen Herrscher mit einem Haufen Gold zu bestechen.

At ille Diomedonti coram:
„Nihil“, inquit, „opus pecunia est,
nam,
si rex ea vult,
quae Thebanis sunt utilia,
gratis facere sum paratus;
sin autem contraria,
non habet auri et argenti satis;
namque orbis terrarum divitias accipere nolo pro patriae caritate.
Tu quod me incognitum tentavisti tuique similem existimavisti,
non miror tibique ignosco.
Sed egredere propere,
ne alios corrumpas,
cum me non potueris!“

(*Epam.* 4,2-3)

Die drei Machtzentren Griechenlands: Theben, Athen und Sparta

a

1. Welche Eigenschaft möchte Nepos hier an Epaminondas aufzeigen?
2. Gegen welches Verhalten von Politikern richtet sich dieses Beispiel? Nenne das lateinische Wort dafür im Text. Wie heißt das deutsche Fremdwort?
3. Inwiefern spielt das sich an diesem Begriff andeutende Problem auch heute eine Rolle? Nimm dazu persönlich Stellung, indem du dabei den Wert der *patriae caritas* (Z. 9) mitberücksichtigst.

---

coram (Adv.): persönlich, ins Gesicht (sagen) – **alqa re opus est:** etwas ist nötig
gratis (Adv.): umsonst, ohne Bezahlung – **paratum esse:** bereit, entschlossen sein – **sin:** wenn aber – **contrarius:** gegenseitig – **satis alcs rei:** genug an etwas – **divitiae, -arum** (← *dives*): Reichtum, Schätze – **caritas, -atis** (← *carus*): Liebe
incognitus (← *in-cognoscere*): unbekannt – **tentare** ~ *temptare*: versuchen – Ⓚ Erg. *tuique <me> ... existimavisti* – **propere** (Adv.): eilig, schnell

Theben – im Mythos ein Zentrum der Macht

Im Mythos war die Stadt Theben von Anfang an ein Zentrum der Macht. Dort herrschte vor allem das Geschlecht des Ödipus; nach dem bitterem Schicksal des Königs (↗ S. 51 f.) sollten sich seine beiden Söhne Eteokles und Polyneikes von Jahr zu Jahr abwechselnd die Herrschaft teilen. Doch Eteokles hielt sich nicht an diese Abmachung, worauf Polyneikes mit einem Heer gegen seine Heimatstadt zog. Beide Brüder fielen im Kampf gegeneinander. Kreon, der als ihr Onkel die Herrschaft übernahm, ließ Eteokles bestatten, verbot aber, dessen Bruder die letzte Ehre zu erweisen. Er sollte vor den Toren der Stadt liegend den Hunden zum Fraß sein.
Antigone, die Schwester der beiden, hielt sich nicht an dieses „Gesetz" des Machthabers. Sie warf heimlich Erde über den Leichnam, wurde dabei aber ertappt. Tapfer bekannte sie sich zu ihrer Tat, zu der sie ihr Gewissen gedrängt hatte. Die ungeschriebenen Gesetze der Götter bedeuteten ihr mehr als ein Gebot von Menschenhand. Für ihren Freimut wurde sie mit dem Tod bestraft.
Der Dichter Sophokles hat diesen Stoff in seiner Tragödie *Antigone* in solch eindrucksvolle dramatische Form gebracht, dass das Werk immer wieder aufgeführt worden ist und wird. Es hat zahlreiche Nachgestaltungen erfahren. Antigone ist zu einer Symbolfigur in Europa geworden. Sie steht für den heldenhaften Widerstand gegen die Willkür des Staates. Mit Ödipus und Antigone hat Theben zeitlose Berühmtheit erhalten.

Antigone mit zwei Wächtern vor Kreon. Süditalienisches Vasenbild, um 380 v. Chr. London, British Museum

Hegemonie

„Vorherrschaft, Vormachtstellung, besonders die eines griechischen Staates. Sie gab diesem kein faktisches Recht über die anderen griechischen Staaten, sondern nur das Prestige, die erste Macht der griechischen Welt zu sein."

(Hans Lamer: *Wörterbuch der Antike*, 1995)

1. Epaminondas hat durch seine Politik seiner Heimatstadt die „Hegemonie" verschafft. Gegen welche Städte hat sich Theben dabei durchsetzen müssen?
2. Welche Staaten könnte man heute als „Hegemonialmacht" bezeichnen?

4. „Ich sterbe unbesiegt“

Die Hegemonie über Griechenland hat Theben durch den Sieg über die Spartaner in der Schlacht bei Leuktra 371 v. Chr. errungen. Epaminondas hat durch eine von ihm neu erfundene Kriegstaktik das Hauptverdienst daran. „Leuktra ist einer der bedeutendsten Wendepunkte der griechischen Geschichte. In dieser Schlacht ist das spartanische Schwert zerbrochen.“ (Hermann Bengtson). Die thebanische Vorherrschaft musste jedoch ständig verteidigt werden – so auch in der Schlacht von Mantineia auf der Peloponnes.

Hic extremo tempore imperator apud Mantineam,
cum acie instructa audacius instaret hostibus,
cognitus est a Lacedaemoniis.
Quod in unius pernicie eius patriae sitam putabant salutem,
universi in unum impetum fecerunt neque prius abscesserunt,
quam magna caede facta multisque occisis
fortissime ipsum Epaminondam pugnantem
sparo eminus percussum
concidere viderunt.
Huius casu aliquantum retardati sunt Boeotii;
neque tamen prius pugna excesserunt,
quam repugnantes profligaverunt.

At Epaminondas,
cum animadverteret
mortiferum se vulnus accepisse
simulque,
si ferrum,
quod ex hastili in corpore remanserat,
extraxisset,
animam statim emissurum esse,

Ⓚ Erg. *extremo tempore <vitae>* – **extremus:** äußerster, letzter – **Mantinea:** Mantineia (↗ R) – **acie instructa** h.: in offener Feldschlacht – **situm esse in alqa re:** auf etwas beruhen, von etwas abhängen – ⓀOrdne: *in unius pernicie salutem patriae eius sitam esse*

5 **abscedere:** abziehen, lockerlassen – **sparus:** Speer – **eminus** (Adv.): aus der Ferne – **percutere** (*percussi, percussum*): durchbohren – **concidere:** zusammenbrechen, zu Boden stürzen

10 **aliquantum** (Adv.): ziemlich, beträchtlich – **retardare:** aufhalten, verzögern, bremsen – **Boeotii, -orum:** Boiotier (↗ R) – **pugna excedere** h.: den Kampfplatz verlassen – **repugnare:** Widerstand leisten – **profligare:** niederwerfen, überwältigen

15 **mortifer, -a, -um** (← *mors*): tödlich – **hastile, -is:** Schaft, Speerschaft – **remanere:** zurückbleiben – **extrahere** (*extraxi, extractum*): herausziehen

20 **animam emittere:** den Geist aufgeben, sterben

usque eo retinuit,
quoad renuntiatum est vicisse Boeotios.
Id postquam audivit,
„Satis“, inquit, „vixi: invictus enim morior.“
Tum ferro extracto confestim exanimatus est.

(*Epam.* 9,1-4)

Epaminondas’ Tod

Als Epaminondas die Lakedaimonier bei Mantinea besiegt hatte und er selbst merkte, dass seine schwere Verwundung für ihn den Tod bedeute, fragte er, ob sein Schild noch unversehrt sei; als ihm seine Leute unter Tränen antworteten, er sei unversehrt, fragte er weiter, ob die Feinde geschlagen seien; als er auch dies so, wie es seinem Wunsch entsprach, vernahm, ließ er die Lanze, von der er durchbohrt war, herausreißen.

(Valerius Maximus, *Facta et dicta memorabilia* 3,34)

Isaak Walraven: Der Tod des Epaminondas, 1726. Amsterdam, Rijksmuseum

---

usque eo (Adv.): so lange – **retinere:** zurückhalten, steckenlassen – **quoad:** bis – **renuntiare:** berichten, melden – **invictus** (← *vincere*): unbesiegt
confestim (Adv.): sofort – **exanimari** (← *anima*): entseelt werden, sterben

1. Welche Bedeutung hatte Epaminondas für die Spartaner, welche für die Thebaner? Belege deine Antwort mit Stellen aus dem Text.
2. Gib die einzelnen Schritte wieder, in denen das Sterben des Epaminondas verläuft. Welche Haltung möchte Nepos dem Leser eindrucksvoll vermitteln?
3. Vergleiche die Darstellung der Todesszene im z-Text mit der des Nepos-Textes. Welche Gemeinsamkeiten, welche Unterschiede kannst du feststellen?
4. Welche Aussagen in beiden Texten sind von Walraven ins Bild umgesetzt?

5. Epaminondas' Erbe

Epaminondas uxorem numquam duxit.
In quo cum reprehenderetur,
quod liberos non relinqueret,
a Pelopida,
qui filium habebat infamem,
maleque eum in eo patriae consulere diceret,
„Vide", inquit,
„ne tu peius consulas,
qui talem ex te natum relicturus sis!
Neque vero stirps potest mihi deesse:
namque ex me natum relinquo pugnam Leuctricam,
quae non modo mihi superstes,
sed etiam immortalis sit necesse est."
Huius de virtutibus vitaque satis erit dictum.

(*Epam.* 10,1-4, m.A.)

Die „schiefe Schlachtordnung"

„Epameinondas' historische Bedeutung liegt auf dem Gebiet der Strategie. Auf ihm ist er einer der kühnsten Neuerer aller Zeiten gewesen. Die früheren Schlachten der griechischen Geschichte waren ausgesprochene Parallelschlachten gewesen: mittels des verstärkten rechten Flügels versuchten sich die Gegner zu umfassen und nach Überflügelung von der Flanke her aufzurollen, eine Taktik, die in vielen Varianten ständig wiederkehrt. Epameinondas hat, indem er die Taktik der verbundenen Waffen anwandte, einer neuen

ducere h.: heiraten – **in quo:** darin, in diesem Punkt – **Pelopidas, -ae:** Pelopidas (↗ R)
5 **infamis, -e:** verrufen, berüchtigt – Ⓚ Erg. *et cum male ... diceret*; bez. *male* zu *consulere* – **in eo:** in diesem Punkt – Ⓚ *qui ... relicturus sis*: Rel.-Satz mit kausalem Nebensinn (der du doch ... wirst)
10 **stirps, stirpis** h.: Nachkommenschaft, Nachkomme – **pugna Leuctrica:** Schlacht bei Leuktra (↗ S. 68) – **superstes alci:** jdn. überlebend – Ⓚ *necesse est <ut> sit* (es ist nötig, dass ...)

Idee zum Durchbruch verholfen: Es ist die Idee der ‚schiefen Schlachtordnung' (λοξὴ φάλαγξ). Nicht mehr der rechte Flügel ..., sondern der bis zu 50 Mann tief aufgestellte linke Flügel wurde nunmehr der schlachtentscheidende. Die Idee des Epameinondas, am folgerichtigsten in der Schlacht bei Leuktra (371) durchgeführt, bezeichnet eine neue Epoche der Kriegführung überhaupt."

(Hermann Bengtson, *Griechische Geschichte*, 1950)

1. Was wirft man Epaminondas vor? Wie wehrt er sich gegen diesen Vorwurf? Inwiefern lässt sich diese Reaktion aus seinem Charakter erklären?
2. Was glaubt Epaminondas als seine Leistung der Nachwelt vererben zu können? Mit welchen Adjektiven weist er auf deren Bedeutung hin? Ziehe dazu auch den z-Text heran.
3. Durch Epaminondas ist Theben zum Zentrum militärischer Ausbildung geworden. Es hat sich dort so etwas wie eine Militärakademie gebildet, auf der sich bedeutende griechische Strategen ausbilden ließen. Auch der spätere König von Makedonien, Philipp II. (359-336 v. Chr.), der Vater Alexanders des Großen, besuchte diese Schule. Inwiefern hat dann Epaminondas – so betrachtet – zu den Welteroberungserfolgen Alexanders einen Beitrag geleistet?

Alexander der Große, der bei seinem Welteroberungszug von Epaminondas' strategischen Lehren profitiert hat. Paris, Musée du Louvre

Zeittafel

Griechische Geschichte	Römische Geschichte
Griechische Kolonisation ab 8. Jh. v.Chr.	Gründung Roms 8. Jh. v.Chr.
Reformen Solons in Athen 6./5. Jh. v.Chr.	Königszeit
Perserkriege Sieg bei Marathon 490 v.Chr. Sieg bei Salamis 480 v.Chr. THEMISTOKLES	Beginn der Republik 6./5. Jh. v.Chr.
Perikleisches Zeitalter Mitte 6. Jh. v.Chr.	
Peloponnesischer Krieg 431-404 v.Chr. ALKIBIADES	Ausdehnung der Herrschaft über Italien
Wiedereinführung der Demokratie in Athen THRASYBULOS Vorherrschaft Thebens Mitte 4. Jh. v.Chr. Konflikt mit Sparta EPAMINONDAS	
Herrschaft der Makedonen unter Philipp II. Alexanders „Weltherrschaft“ 2. H. 4. Jh. v.Chr.	Auseinandersetzung mit Karthago Punische Kriege 3./2. Jh. v.Chr. HANNIBAL
Griechenland unter römischer Herrschaft 2./1. Jh. v.Chr.	Bürgerkrieg Cäsar - Pompejus Attentat auf Cäsar 44 v.Chr. Antonius - Octavianus ab 31 v.Chr. Augusteisches Zeitalter Beginn der Kaiserzeit

Roms Aufstieg zur Weltmacht
Königszeit – Republik – Kaiserzeit

a

1. Die drei großen Phasen der römischen Geschichte „Königszeit" – „Republik" – „Kaiserzeit" sind von markanten Persönlichkeiten geprägt. Welche sind dies? Informiere dich kurz darüber. Je ein Spezialist soll dann vor der Klasse berichten.
2. Welche Stellung nimmt Hannibal schon auf den ersten Blick in dieser Entwicklung ein? Sammle Informationen zu Hannibal und bringe sie während der Lektüre an geeigneter Stelle in den Unterricht ein.

5 Hannibal

Roms gefährlichster Gegner

Als Rom zur Weltmacht heranwuchs, musste es sich dramatische Einfälle in sein Herrschaftsgebiet gefallen lassen. Mehrmals ist es in Existenznot geraten. Und immer haben sich die Gefahren an Stichworten festgemacht, die über das historische Ereignis und die Zeit des Imperium Romanum hinaus als Metaphern in der lateinischen Sprache, ja in den Sprachen Europas lebendig geblieben sind.
Der Galliereinfall 387 v. Chr., bei dem Rom bis auf die von den Kapitolinischen Gänsen gerettete Stadtburg eingenommen wurde, bescherte den Römern den „Schwarzen Tag", den *dies ater*. Seit Pyrrhus von Epirus im 3. Jh. v. Chr. die römischen Legionen unter katastrophalen eigenen Verlusten besiegt hatte, spricht man von einem „Pyrrhussieg". Die Germanenvölker der Kimbern und Teutonen, die am Ende des 2. Jh.s v. Chr. wie eine Sturzflut über die Alpen nach Süden einfielen, hinterließen den Römern das psychische Trauma des *Furor teutonicus*, der „teutonischen Raserei".
Mit Hannibal verbindet sich das geflügelte Wort *Hannibal ad portas*, das „höchste Gefahr im Verzug" signalisiert. Als der Karthager im 2. Punischen Krieg (218-201 v. Chr.) von Spanien her mit seiner Armee und etlichen Elefanten den Alpenwall überwunden und reihenweise die Widerstandsheere der Römer in Norditalien geschlagen hatte, stand er vor den Toren der Hauptstadt. Der Schock der Einwohner drückte sich drastisch in jenem Schreckensruf aus, der ihre existenzielle Not erahnen lässt.
„Was bedeutet das Zitat im Rahmen der Tatsachen, die einmal die Weltgeschichte bewegt haben? Der punische Feldherr Hannibal stand im Jahre 215 v. Chr. vor den Toren Roms. Wird er die Stadt unterwerfen und damit der Weltgeschichte und der abendländischen Kultur eine Wendung geben, deren Auswirkung wir uns ebenso wenig vorstellen können wie die Folgen eines möglichen Sieges der Perser bei Salamis?" (Josef Feix, *Hannibal ante portas*, 1960)
Hannibal griff die Stadt nicht an. „Du verstehst zu siegen, Hannibal, aber den Sieg auszunutzen verstehst du nicht." Diese Unfähigkeit geriet dem Karthager zum Vorwurf; sie ließ aber die Geschichte des Mittelmeerraumes einen anderen Verlauf nehmen, als ihn das mögliche Ende Roms bedingt hätte. Hannibal bedeutete zweifellos für die Römer die größte Gefahr, der sie jemals ausgesetzt waren, zumal er von Kindheit an von einem geradezu manischen Hass auf sie getrieben wurde.
Der Karthager wurde auf italischem Boden niemals besiegt; erst in Afrika musste er sich dem römischen Konsul Publius Cornelius Scipio geschlagen geben. Man hat die militärische Leistung Hannibals mit der Alexanders des Großen gleichgesetzt; allerdings war ihre Bewertung gegensätzlich. Was Hannibal zustande brachte, sah man als für den damals dominierenden Kulturraum gefährlich an; Alexanders Taten dagegen galten als dafür nützlich.

Der eine bedrohte Europa, der andere rächte es. Im Sieg Scipios über Hannibal und in den Erfolgen Alexanders des Großen gegen die Perser habe sich – so der Historiker Ernst Kornemann – „die europäische Qualität" durchgesetzt, hier gegenüber Asien, dort gegenüber Afrika.

Und doch ist nicht der Römer Scipio, sondern der Karthager Hannibal als gleichermaßen faszinierende Gestalt wie Alexander der Große in die Weltgeschichte eingegangen; die Dokumente der Literatur und der Malerei sind dafür ein beredtes Zeugnis.

Hannibal

1. Roms respektabelster Gegner

Hannibal, Hamilcaris filius, Karthaginiensis.
Si verum est,
quod nemo dubitat,
ut populus Romanus omnes gentes virtute superaverit,
non est infitiandum
Hannibalem tanto praestitisse ceteris imperatoribus prudentia,
quanto populus Romanus antecedat fortitudine cunctas nationes.
Nam,
quotienscumque cum eo congressus est in Italia,
semper discessit superior.
Nisi domi civium suorum invidia debilitatus esset,
Romanos videtur superare potuisse.
Sed multorum obtrectatio devicit unius virtutem.

(*Hann.* 1,1-2)

1. Stelle die Wertbegriffe zusammen, die im Text begegnen. In welchem Verhältnis stehen sie zueinander? Nenne den Bereich, in dem sie eine Rolle spielen.
2. Wie beurteilt Nepos den Karthager Hannibal gleich am Beginn der Biografie? Was schreibt er ihm zu? Wodurch unterscheidet er sich von den Römern? Womit begründet der Autor sein Urteil?

Hamilcar, -aris: Hamilkar Barkas („Blitz"; Begründer der karthagischen Großmacht) – **Karthaginiensis, -e:** karthagisch, aus Karthago stammend – Ⓚ Verb. *verum est, ut* ... (nämlich, dass)

infitiari: leugnen – **tanto ... quanto** (Abl. des Maßes): um so viel ... um wie viel – **antecedere alqm alqa re:** jdn. in etwas übertreffen – **quotienscumque:** sooft – **congredi cum alqo:** mit jdm. im Kampf zusammengeraten, kämpfen

superiorem discedere: als Sieger vom Kampfplatz gehen – **debilitare:** schwächen, lähmen – Ⓚ *videtur superare potuisse*: *superare potuisset, ut videtur* (unabhängig) – **obtrectatio, -onis:** Anfeindung, Missgunst – **devincere:** erfolglos, zunichtemachen

3. Woran scheiterte Hannibal letztendlich? Nenne die beiden dafür einschlägigen Begriffe aus dem Text. Welche allgemeine Erwartung gewinnt Nepos daraus? Bestätigt sich diese Erfahrung auch heute noch? Begründe deine Antwort.

2. Vom Vater ererbt: der Römerhass

Hannibal velut heredidate relictum odium paternum erga Romanos sic conservavit,
ut prius animam quam id deposuerit,
qui quidem,
cum e patria pulsus esset et alienarum opum indigeret,
numquam destiterit animo bellare cum Romanis.

(*Hann.* 1,3)

Das Gute und Böse in einer Person

Der römische Historiker Titus Livius (59 v. Chr.-17 n. Chr.) hat ein großes Geschichtswerk verfasst, das die römische Geschichte „Seit Gründung der Stadt“ (*Ab urbe condita*, so der Titel des Werkes) darstellt. Darin nimmt die Auseinandersetzung Roms mit Karthago einen großen Raum ein; Hannibal wird folgendermaßen charakterisiert:
„Hannibal war äußerst kühn, wenn es galt, gefährliche Aufträge zu übernehmen, und in den Gefahren selbst erwies er sich als sehr besonnen. Keine Anstrengung konnte seinen Körper ermüden und seinen Mut besiegen. Gleich war seine Ausdauer in Hitze und Kälte. Das Maß im Essen wurde von seinem natürlichen Verlangen, nicht von der Lust bestimmt. Nicht Tag und Nacht legten die Zeit für Schlafen und Wachen fest: Was ihm nach getaner Arbeit noch übrigblieb, widmete er der Ruhe. Aber auch sie wurde nicht durch ein weiches Lager oder durch Stille herbeigezaubert. Viele haben ihn gesehen, wie er zwischen Wachen und Soldatenposten auf der Erde lag, oft nur mit einem Militärmantel zugedeckt. Seine Kleidung unterschied sich in nichts von der seiner Altersgenossen. Dagegen fielen seine Waffen und Pferde auf. Er war der beste Soldat zu Fuß und zu Pferde. Als Erster zog er in den Kampf, als Letzter verließ er das beendete Treffen. Diesen so großen Vorzügen hielten andererseits ungeheure Fehler die Waage: unmenschliche Grausamkeit (*inhumana crudelitas*), eine mehr als punische Treulosigkeit

---

hereditas, -atis: Erbe, Erbschaft – **paternus:** väterlich, des Vaters – **erga** (Präp. m. Akk.): gegen – **deponere** h.: aufgeben – Ⓚ *qui quidem*: Rel.-Satz mit kausalem Nebensinn (der ja; da er ja) **indigere alcs rei:** einer Sache bedürfen, etwas benötigen – **desistere** (*destiti*): aufhören, ablassen – **animo** h.: in seinem Sinnen und Trachten – **bellare:** Krieg führen (*perfidia plus quam Punica*). Nichts galt ihm Wahrheit, nichts war ihm heilig. Gottesfurcht kannte er nicht, ein Eid war ihm bedeutungslos, und er empfand keine religiöse Bindung."

(Livius, *Ab urbe condita* 21,4)

1. Erläutere, was für Hannibal das Erbe des Vaters bedeutet. Wie bestimmt es sein Leben?
2. Wie charakterisiert Livius den Karthager? Zu welcher Seite seines Wesens ist sein Römerhass zu zählen?
3. Versuche zu begründen, warum Nepos in seiner Biografie die bösen Züge des Mannes nicht erwähnt.

3. Der Eid des Neunjährigen

Als Hannibal 195 v. Chr. zu Antiochus III. von Syrien in Kleinasien geflohen war, setzte er alles daran, den König zum Krieg gegen die Römer aufzuhetzen. Er hatte sein Ziel fast erreicht, als römische Gesandte den Syrer wieder umzustimmen versuchten. Da lässt Nepos den über sechzigjährigen Hannibal selbst – in einer Art von Rückblende in seine Kindheit – von der Eidverpflichtung erzählen:

„Pater meus", inquit, „Hamilcar
puerulo me, utpote non amplius novem annos nato,
in Hispaniam imperator proficiscens Karthagine Iovi Optimo Maximo hostias immolavit.
Quae divina res dum conficiebatur,
quaesivit a me,
vellemne secum in castra proficisci.
Id cum libenter accepissem atque ab eo petere coepissem,
ne dubitaret ducere,
tum ille „faciam" inquit,
„si mihi fidem,
quam postulo,
dederis.

Ⓚ *puerulo me*: Abl. abs. (als ich noch ein Junge war) – **utpote** (beim Part. oder Adj.): da ja – **amplius:** mehr; Ⓚ Erg. *non amplius <quam> novem annos* – Ⓚ *imperator*: präd. (als Feldherr) – **Iuppiter Optimus Maximus:** der höchste römische Gott, hier mit dem höchsten Gott der Karthager, Baal (↗ R), gleichgesetzt – **hostia:** Opfer, Schlachtopfer – **immolare:** opfern, darbringen

5 **conficere:** vollenden, h.: durchführen – **libenter** (Adv.): gerne – Ⓚ Erg. *<me secum> ducere*

10 **fidem dare:** das Treuewort geben

Simul me ad aram adduxit,
apud quam sacrificare instituerat,
eamque ceteris remotis tenentem iurare iussit
numquam me in amicitia cum Romanis fore.
Id ego iusiurandum patri datum usque ad hanc aetatem ita conservavi,
ut nemini dubium esse debeat,
quin reliquo tempore eadem mente sim futurus.
Quare,
si quid amice de Romanis cogitabis,
non imprudenter feceris,
si me celaveris;
cum quidem bellum parabis,
te ipsum frustraberis,
si non me in eo principem posueris."

(*Hann.* 2,3-6)

1. Stelle alle Verbindungswörter (Konnektoren) fest, durch die der Text gegliedert ist. Gestalte ein Schema zum Aufbau des Textes.
2. Inwiefern wird Hannibals Hass auf die Römer durch sein Verhalten gegenüber Antiochus unterstrichen? An welchen Aussagen wird dies deutlich?
3. Wie unterschiedlich ist das Verhalten von Vater und Sohn dargestellt? Beachte dabei die Prädikate. Welche Schlüsse ergeben sich daraus in Bezug auf das Verhältnis zwischen den beiden?
4. Durch welche sprachliche Wendung ist der ewige Hass auf Rom ausgedrückt? Schon in der Sprachstruktur deutet sich an, dass der Eid auf die dauernde Feindschaft mit den Römern den Kern von Hannibals Wesen ausmacht. Versuche dies zu begründen.
5. Nepos beginnt mit einer zeitlich viel späteren Episode (fast am Lebensende Hannibals) die Lebensbeschreibung des Mannes. Was will der Autor damit erreichen?
6. Nenne lateinische Ausdrücke und Wendungen aus dem Text, die dem Maler Pellegrini (↗ S. 79) zu seiner Darstellung Anlass gegeben haben. Versuche selbst, die Szene grafisch zu gestalten.

---

15 **sacrificare:** opfern – Ⓚ Verb. <*me*> *eam* (*aram*) *tenentem iurare iussit* – Ⓚ*ceteris* <*militibus*> *remotis*: Abl. abs. – **removere:** entfernen, wegschicken – **in amicitia esse cum alqo:** mit jdm. Freundschaft haben – **iusiurandum:** Eid – **nemini dubium est, quin:** es ist für niemanden zweifelhaft, dass

20 Ⓚ *eadem mente esse*: Abl. qual. (von derselben Gesinnung sein) – Ⓚ*sim futurus*: nachzeitig (dass ich sein werde) – **amice** (Adv.): in freundschaftlicher Absicht – **imprudens, -ntis** (← *prudens*): unklug; Ⓚ*imprudenter feceris, si me celaveris*: Potentialis (du tust wohl nicht klug daran, wenn du mir verheimlichen solltest) – **celare alqm alqd:** jdm. etwas verheimlichen – **frustrari** (← *frustra*): enttäuschen, betrügen, um den Erfolg bringen

25 **principem ponere:** als Anführer aufstellen, einsetzen

G. A. Pellgrini: Der Schwur des Hannibal. 18. Jh. Würzburg, Residenz

2 Der Eid in einem Geschichtswerk

Fama est etiam Hannibalem annorum ferme novem pueriliter blandientem patri Hamilcari, ut duceretur in Hispaniam, cum perfecto Africo bello exercitum eo traiecturus sacrificaret, altaribus admotum tactis sacris iure iurando adactum se, cum primum posset, hostem fore populo Romano.

Man erzählt sich auch, Hannibal habe als neunjähriger Junge seinem Vater Hamilkar – wie Kinder es können – das Versprechen abgeschmeichelt, ihn mit nach Spanien zu nehmen, als er nach Beendigung des afrikanischen Krieges ein Opfer darbrachte, um dann dorthin überzusetzen. Bei dieser Gelegenheit habe er den Knaben zum Altar geführt, ihn das Opfer berühren und schwören lassen, sobald wie möglich als Feind des römischen Volkes aufzutreten.

(Livius, *Ab urbe condita* 21,1,4)

3 Der Eid in einem Jugendroman

Mirko Jelusich hat in seinem historisch-biografischen Roman *Hannibal* (1934) der Eidszene einen breiten Raum gewidmet; der Schlussteil sei hier zitiert:

Die Augen des Jungen flammen für einen kurzen Augenblick auf. „Wann nimmst du mich auf einen deiner Feldzüge mit, Vater?“ Hamilkar beantwortet die Frage nicht, spricht weiter, als habe er sie überhört: „Karthagos einstige Stellung aber, seine Größe kann nur auf eine Art wieder errungen werden: durch den Fall Roms. Für beide hat der Erdkreis nicht Platz; gelingt es Karthago nicht, Rom zu stürzen, so wird Rom Karthago vernichten.“
Er zieht den Sohn ganz nahe an sich heran. Sein Gesicht ist unbeweglich,

aber am schwingenden Beben der Stimme, am unwillkürlich harten Druck der Hände auf seinen Schultern erkennt der Junge, wie tief erregt der Vater ist. „Die Entscheidung kann nicht zweifelhaft sein", hört er die leidenschaftliche Stimme. „Rom muss fallen, damit Karthago lebe, und unsere Aufgabe ist es, dies zu erreichen. Diesem Ziel habe ich gelebt, diesem Ziele, mein Sohn, weihe ich dich vor dem Altar des höchsten Gottes Karthagos."
Noch härter wird der Griff der Hände auf den schmalen Knabenschultern. Das Gesicht des Mannes hat alle Unbeweglichkeit verloren, entbrennt in glühendem Hass, der aus den Zügen alles Menschliche fortwischt, die Stimme dröhnt, dass alle Echos des Tempels erwachen: „Diesen Altar, der dir in der Ferne das Vaterland versinnbildlicht, erfasse mit beiden Händen und schwöre mir, mein Sohn Hannibal, dass du, wenn ich nicht mehr bin, mein Werk fortführen und zu Ende bringen wirst; dass du dein Leben lang die Römer hassen und bekämpfen wirst; dass du nicht eher ruhen wirst, als bis du sie zu Boden geworfen oder selbst deinen Untergang gefunden hast!"
„Hast!" gellt ein Echo nach. „Hast!" – „Hast!" äffen andere aus dem Dunkel der Ecken und Winkel.
Die Erregung des Vaters hat sich nun auch des Jungen bemächtigt. Am ganzen Leibe zitternd, erfasst er mit beiden Händen den Altarstein, wie der Vater es ihn geheißen hat, und ruft mit aller Kraft seiner hellen Knabenstimme: „Ich schwöre es!" Er hat, wie vorher Hamilkar, den Blick der Bildsäule zugekehrt, bemüht, das Dunkel mit den Augen zu durchdringen, in den verschwimmenden, unbeweglichen Zügen des Gottes zu lesen. In dem Schweigen, das seinem Ausrufe folgt, hört er den Vater tief atmen. Langsam hebt er das Gesicht empor, bis sein Blick den des Feldherrn trifft.

Reichsjugendtag in Potsdam am 1. Oktober 1934

Die Züge des Vaters haben ihre Unbeweglichkeit wiedergewonnen, seine Stimme ist gesammelt wie gewöhnlich. „Baal hat deinen Schwur gehört", sagt er. „Komm!"

a

1. Wie ist die Kürze der Szene in Livius' Werk, wie die Länge in Jelusichs Werk zu erklären? Bedenke dabei, welche verschiedenen Literaturformen jeweils vorliegen und welche Absicht der Autor jeweils verfolgt.
2. Stelle zunächst die Unterschiede und Ähnlichkeiten in Sprache und Inhalt zwischen Nepos und Livius und dann zwischen Nepos und Jelusich fest. Stelle die Ergebnisse des Vergleichs in einem Übersichtsschema dar. Versuche dann die Unterschiede zu erklären.

3. Hannibal wurde als kleiner Junge durch Eid zu ewigem Hass verpflichtet. Wie stehst du zu einem solchen „Erziehungsziel"?
4. Inwiefern lässt sich zwischen dem Bild oben, das einen kleinen Jungen zeigt, der „seinen" Staatsführer mit „Heil" grüßt, und der Eidszene Hannibals eine Verbindung herstellen? Halte alle Punkte, die dir dabei einfallen fest, und verfasse anschließend eine kurze Stellungnahme.

4. Der Zug über die Alpen

Hamilkar hielt sein Versprechen; er nahm den Sohn mit nach Spanien, wo sich dieser von Anfang an im Heer bewährte. Nach dem Tod des Vaters wurde er fünfundzwanzigjährig Oberbefehlshaber der karthagischen Armee. Er unterwarf Spanien, überschritt dann mit einem großen Teil der Truppen die Pyrenäen und zog durch Südgallien nach Italien – gegen Rom. Doch seinem Heer, das von einer großen Anzahl von Elefanten begleitet wurde, stellten sich nicht bloß die gallischen Einwohner in den Weg, sondern auch die mächtigen Berge der Alpen.

Neminem nisi victum dimisit.
Ad Alpes postquam venit,
  quae Italiam ab Gallia seiungunt,
  quas nemo umquam cum exercitu ante eum praeter Herculem
  Graium tansierat
  (quo facto is hodie saltus Graius appellatur),
Alpicos conantes prohibere transitu concidit,
loca patefecit, itinera munivit,
effecit,
  ut ea elephantus ornatus ire posset,
    qua antea unus homo inermis vix poterat repere.
Hac copias traduxit in Italiamque pervenit.

(*Hann.* 3,3-4)

---

dimittere: entlassen, h.: zurücklassen – **seiungere:** trennen – **Hercules, -is:** griech. Herakles (↗ R)

5 **Graius:** Graisch, abgeleitet vom keltischen Stamm der Graier, der dieses Alpental bewohnte; wegen des Gleichklangs *Graius* - *Graecus* (gespr. Graicus) hat man wohl in der Sage den griechischen Halbgott Herakles in diese Gegend der Welt wandern lassen – **quo facto:** weswegen, deshalb – **saltus, -us:** Waldtal, Schlucht, Gebirge – **Alpici, -orum:** Alpenbewohner – Ⓚ *prohibere alqa re*: Abl. sep. (von etwas abhalten) – **transitus, -us** (← *tansire*): Übergang – **concidere:** niedermachen – **loca patefacere:** das Gelände zugänglich machen – **itinera munire:** feste Wege anlegen

10 Ⓚ Erg. *ea <via>*, *qua* ... (auf dem Wege, wo ...) – **elephantus:** Elefant – **ornatus** h.: bepackt – **inermis, -e:** ohne Gepäck, unbewaffnet – **repere:** kriechen – Ⓚ Erg. *hac <via>* (h.: auf diesem Weg)

Hannibals Weg (nach heutigem Forschungsstand). Die genaue Marschroute Hannibals ist wegen der widersprüchlichen oder unpräzisen Angaben in den Quellen nicht mehr zu bestimmen; der von ihm benutzte Alpenpass wird heute allgemein im Kleinen St. Bernhard oder dessen Umfeld vermutet.

Z 4

Die unüberwindliche Schneemauer

Der Zug über die Alpen war für das Heer Hannibals eigentlich ein schier unmögliches Unterfangen. Schon das Annähern an die hohe Schneewand brachte die Soldaten und Elefanten in Aufregung. Mirko Jelusich hat dies in seinem Jugendroman *Hannibal* drastisch verdeutlicht:

„Je weiter der Marsch vorrückt, umso lauter werden die Stimmen, die von der weißen Geistermauer sprechen und einer Umkehr das Wort reden. Eine unbesiegbare Furcht hat die Armee erfasst, die alle gefangenhält und sich sogar auf die sonst gutmütigen Elefanten zu übertragen scheint: ängstlich, trompetend, stampfen unruhig die mächtigen Tiere ihres Weges, bewegen die plumpen Köpfe mit den schwingenden Rüsseln hin und her, suchen seitlich auszubrechen, müssen immer wieder durch den Stachel des Führers angetrieben werden."

a

1. Sammle die Stellen im Text, in denen Nepos das schier Unmögliche von Hannibals Absicht andeutet.
2. Welche Phase des Zuges hat Mirko Jelusich romanhaft ausgestaltet? Nenne genau die Wörter aus dem Text. Inwiefern kann das abgedruckte Bild von Turner den hier beabsichtigten Eindruck verstärken?

Z 5

Der Blick nach Italien

Titus Livius hat in seinem Geschichtswerk *Ab urbe condita* (↗ S. 76) dem Alpenübergang Hannibals einen beträchtlichen Raum gegeben; seine Schilderung geht bis ins Detail. Nachdem sich der Heereszug langsam und mit letzten Anstrengungen und unter vielen Verlusten zum höchsten Punkt des Übergangs emporgearbeitet hatte, geschah Folgendes:

J. W. Turner: Snow Storm – Hannibal and his army crossing the Alps, vor 1812.
London, Tate Gallery

Fessis taedio tot malorum nivis etiam casus ingentem terrorem iniecit. Per omnia nive oppleta cum signis prima luce motis segniter agmen incederet pigritiaque et desperatio in omnium vultu emineret, praegressus signa Hannibal in promonturio quodam, unde longe ac late prospectus erat, consistere iussis militibus Italiam ostentat subiectosque Alpinis montibus Circumpadanos campos moeniaque eos tum transcendere Italiae modo, sed etiam urbis Romae. Cetera plana, proclivia fore.

Die Leute waren so vieler Leiden überdrüssig und müde; auch jagte ihnen der Schneefall gewaltigen Schrecken ein. Alles war von Schneemassen bedeckt. Als der Heereszug bei Morgengrauen aufbrach und sich träge durch diese Gegend schleppte und als allen Erschöpfung und Verzweiflung in den Gesichtern stand, da trat Hannibal auf einem Felsvorsprung, von wo aus ein weiter Blick herrschte, vor die Feldzeichen, ließ die Soldaten haltmachen und zeigte auf Italien und die unter den Alpenbergen liegenden Ebenen diesseits und jenseits des Po und machte ihnen klar, dass sie da die Mauern nicht nur Italiens, sondern auch der Stadt Rom übersteigen würden. Alles Übrige werde ebenes Gelände sein und nach unten führen.

(Livius, *Ab urbe condita* 21,35,6-9)

a

1. Stelle die lateinischen Wörter und Begriffe zusammen, mit denen Livius den Zustand des Heeres beschreibt. Wie versucht Hannibal die Soldaten zum Durchhalten zu motivieren?
2. Welche lateinische Textstelle ist von Heinrich Leutemann ins Bild umgesetzt worden? Ist ihm dies gelungen? Begründe deine Antwort.
3. Warum wohl hat Nepos den sensationellen Alpenübergang Hannibals nur so knapp beschrieben?

Hannibals Übergang über die Alpen, kolorierter Holzstich nach einer Zeichnung von Heinrich Leutemann, 1866

5. Hannibal ad portas

Nach dem erfolgreichen Abstieg von den Alpen in die Poebene zog Hannibal in einem Blitzkrieg nach Süden, von Sieg zu Sieg. Das karthagische Heer mit den Elefanten erregte überall Furcht und Schrecken.
Die Nachricht von Hannibals Eindringen nach Italien wurde in Rom mit Bestürzung aufgenommen. Immer wieder versuchte man dem Aggressor erfolglos Verteidigungsheere entgegenzustellen. Die Gesundheit des Karthagers allerdings war angeschlagen:

Hannibal hoc itinere adeo gravi morbo afficitur oculorum, ut postea numquam dextro aeque bene usus sit. Qua valetudine cum etiam tum premeretur lecticaque ferretur, C. Flamininum consulem apud Trasumenum cum exercitu insidiis circumventum occidit. Hinc in Apuliam pervenit. Ibi obviam ei venerunt duo consules, C. Terentius et L. Aemilius. Utriusque exercitus uno proelio fugavit.

Auf dem Marsch überkam ihn ein so schweres Augenleiden, dass auf dem rechten Auge eine dauernde Schwäche zurückblieb. Als ihm noch diese Krankheit zusetzte und er sich deshalb in einer Sänfte tragen ließ, lockte er den Konsul C. Flamininus samt seinem Heer am Trasimenersee in einen Hinterhalt und tötete ihn. Von da gelangte er nach Apulien. Dort traten ihm die beiden Konsuln C. Terentius und L. Aemilius entgegen. Beider Heere schlug er in einer Schlacht.

Hac pugna pugnata Hannibal Romam profectus est nullo resistente. In propinquis urbis montibus moratus est. Cum aliquot dies ibi castra habuisset, in Capuam revertit. (*Hann.* 5,1)

i 1

Angriff auf Rom?
Hannibal hatte wohl nicht die Absicht Rom anzugreifen. Vielleicht erschien ihm die Stadt durch den Servius-Wall (↗ R) zu stark befestigt. Doch die bloße Nähe des Karthagers löste bei den Römern innerhalb der Mauern einen Schock aus, der ihnen nie wieder ganz aus den Gliedern wich. Der Schreckensruf *Hannibal ad portas* ist geradezu zu einem Schlagwort für Bedrohung geworden.
Nach Livius habe der punische Reiterführer Maharbal Hannibal seine Zurückhaltung zum Vorwurf gemacht: *Vincere scis, Hannibal, victoria uti nescis.*

---

pugnam pugnare: einen Kampf kämpfen, eine Schlacht liefern – **aliquot:** einige – **castra habere** h.: (be)lagern

Jacopo Ripanda: Hannibals Übergang über die Alpen. Fresko, 16. Jh. Rom, Konservatoren-Palast

a

1. Warum war die Bestürzung der Römer über die karthagische Aggression so groß?
2. Schreibe einen kurzen Zeitungsbericht, in dem die Gefahr durch Hannibal für Rom beschrieben wird.

6. Der gerissene Taktiker

Cum Hannibal Capuam reverteretur,
Q. Fabius Maximus, dictator Romanus, in agro Falerno ei se obiecit.
Hic clausus locorum angustiis
noctu sine ullo detrimento exercitus se expedivit
Fabioque, callidissimo imperatori, dedit verba.
Namque obducta nocte
sarmenta in cornibus iuvencorum deligata incendit
eiusque generis multitudinem magnam dispalatam immisit.
Quo repentino obiecto visu tantum terrorem iniecit exercitui Romanorum
ut egredi extra vallum nemo sit ausus.
Hanc post rem gestam non ita multis diebus
M. Minucium Rufum, magistrum equitum pari ac dictatorem imperio,
dolo productum in proelium fugavit.

(*Hann.* 5,1-5,3)

Capua, -ae: Capua, Stadt in Kampanien, einer Landschaft Süditaliens – **Q. Fabius Maximus** (↗ R) – **dictator, -ris:** Diktator (wird in Notzeiten auf sechs Monate durch die Konsuln gewählt) – **ager Falernus:** Falernergebiet (Nordkampanien) – **obicere** (*obieci*) h.: sich entgegensetzen, entgegenstellen – **angustiae, -arum** (← *angustus*): Engpass – **detrimentum:** Schaden **expedire:** losmachen, befreien – **verba dare alci:** jdn. täuschen, überlisten (eig.: jdm. bloße Worte statt Sachen geben) – Ⓚ *nocte obducta*: Abl. abs. (eig.: nachdem die Nacht vor den Himmel gezogen war) – **sarmenta, -orum:** Reisigbündel, Zweige – **iuvencus:** Jungrind – **deligare:** festbinden – **dispalatus:** zerstreut, weit auseinandergezogen, in breiter Front – **immittere:** losschicken, losstürmen lassen
repentinus: plötzlich – **obicere:** entgegenwerfen, h.: bieten – **visus, -us:** Anblick – **inicere alci terrorem:** jdm. Schrecken einjagen – **vallum, -i:** Lagerwall – **non ita multi:** nicht eben viele – **magister equitum:** Reiteroberst – **par ac:** gleich wie – Ⓚ *pari ac dictatorem imperio*: Abl. qual. (mit gleicher Befehlsgewalt ausgestattet wie der Diktator)
producere in proelium: zum Kampf verleiten – **fugare alqm:** jdn. in die Flucht schlagen, jdm. eine Niederlage beibringen

Der Ochsentrick

Fabius postierte 4.000 Soldaten im Engpass, bezog selbst mit dem Gros Stellung auf einer Höhe am Eingang der Passage. Doch der punische Heerführer durchschaute sehr rasch die Lage und griff, um der Falle auszuweichen, zu einer möglicherweise in den Alpen ausprobierten List. Er ließ Hasdrubal so viel trockenes Holz wie möglich sammeln und daraus Fackeln machen, die an den Hörnern von zweitausend Ochsen festgebunden wurden, die zur Kriegsbeute gehörten. Gegen Ende der Nacht wurden die so ausgerüsteten Ochsen auf die Höhen beidseits des Engpasses getrieben und die Fackeln angezündet. Durch all diese Lichter getäuscht, eilten die Soldaten, die den Pass bewachten, auf die Höhen. Damit war der Weg frei für die punische Armee, die nahezu kampflos die Sperre passierte.

(Serge Lancel, *Hannibal*, 2000)

1. Nenne die Wörter und Wendungen, die andeuten, dass Hannibal ein gerissener Taktiker war. Achte dabei auch auf die seinem Gegner zugeschriebene Eigenschaft.
2. Beschreibe mit eigenen Worten, in welcher Situation Hannibals Heer war und wie er sich daraus befreite. Ziehe dazu auch den z-Text heran.
3. Versuche einen kurzen Zeitungsbericht über diesen Vorfall zu schreiben oder mache eine Zeichnung zur Situation.

7. Der erfolglose Sieger

Hannibal eilte in Italien von Sieg zu Sieg; seine größte Leistung war die Vernichtung der römischen Armee in der Schlacht bei Cannae 216 v. Chr. Die Hauptstadt Rom hat er allerdings auch da nicht angegriffen. Nach gesicherter historischer Erkenntnis stand er damals mit seinen Reitern unmittelbar vor der Stadt. Später – so wird berichtet – bereute er es jedoch, das Schicksal in dieser günstigen Lage nicht gezwungen zu haben.
Als Hannibal nach Karthago zurückgerufen wurde, verließ er als Sieger Italien, allerdings ohne jeden politischen Erfolg. Er hinterließ freilich den Ruf einer übermächtigen Schreckgestalt. Nepos fasste Hannibals letzte militärische Aktionen auf italischem Boden nur knapp zusammen.

Longum est omnia enumerare proelia.
Quare hoc unum satis erit dictum,
  ex quo intellegi possit,
    quantus ille fuerit:

longus h.: weitläufig, langwierig – **enumerare:** aufzählen

Quamdiu in Italia fuit,
nemo ei in acie restitit,
nemo adversus eum post Cannensem pugnam in campo castra posuit.

(*Hann.* 5,4)

Nur einer war ihm gewachsen: Scipio Africanus

Rom wäre nicht Rom gewesen, wenn es die Schande von Niederlage und Ohnmacht dauerhaft ertragen hätte. Es brachte einen Mann hervor, der sich dem Karthager stellte, und zwar in dessen Heimatland. Der Sohn des hochadeligen Publius Cornelius Scipio, der 210 v. Chr. fünfundzwanzigjährig den Oberbefehl über das römische Heer in Spanien übernommen hatte, setzte 204 v. Chr. nach Afrika über. Er wollte Roms Ehre wiederherstellen und den Römern die Herrschaft im Mittelmeerraum sichern.
Zama, südlich von Karthago gelegen, war 202 v. Chr. der Ort der Schlacht, „der die beiden bedeutendsten Heerführer der Zeit, vermutlich der gesamten Antike, aufeinanderprallen lässt“ (Serge Lancel).
Vor der Schlacht war es zu einem Gespräch der beiden Heerführer gekommen: Scipio hatte Bedingungen gestellt, die ein Hannibal nie hätte akzeptieren können. Deshalb kam es zum Kampf, in dem die Römer siegten. Der Tag des Sieges ging als einer der bedeutendsten in die römische Geschichte ein. Der junge Scipio wurde gefeiert wie niemand zuvor; er erhielt den Beinamen *Africanus*.

Hermann Vogel: Begegnung von Hannibal und Scipio Africanus vor der Schlacht bei Zama, Stahlstich aus dem 19. Jh.

5 **quamdiu:** solange – **Cannensis pugna:** Schlacht bei Cannae (216 v. Chr.) – **in campo** h.: auf offenem Gelände – **castra ponere:** ein Lager errichten, lagern

8. Auf der Flucht durch den Osten

Bald nach dem Friedenschluss mit den Römern wählten die Karthager Hannibal zu einem ihrer beiden Könige, der sogenannten „Suffeten“. Dank seiner Klugheit konnte er bald die finanziellen Grundlagen der Stadt wieder festigen und so der gedemütigten Stadt neue Kraft und Hoffnung geben. Als jedoch aus Rom Gesandte angekündigt waren, verließ er aus Furcht, sie könnten seine Auslieferung fordern, heimlich Karthago und floh in den Osten. Die Karthager erklärten ihn daraufhin für verbannt.
Zuerst kam Hannibal 195 v. Chr. zu König Antiochus III. von Syrien, mit dem ihn, wie bereits in Kap. 3 beschrieben, der gemeinsame Hass gegen Rom verband. Er unterstützte diesen im Seekrieg gegen die mit den Römern verbündeten Rhodier, musste aber eine vernichtende Niederlage einstecken. Er floh daraufhin nach Kreta zu den Gortyniern, wo er sich freilich auch nicht sicher fühlen konnte.

Die Göttin Diana (Artemis) auf dem Ostfries des Parthenon in Athen. Um 440 v. Chr. Athen, Akropolis-Museum

Vidit autem vir omnium callidissimus in magno se fore periculo,
nisi quid providisset,
propter avaritiam Cretensium.
Magnam enim secum pecuniam portabat,
de qua sciebat exisse famam.
Itaque capit tale consilium.
Amphoras complures complet plumbo, summas operit auro et argento.
Has praesentibus principibus deponit in templo Dianae
simulans se suas fortunas illorum fidei credere.

---

callidus: schlau – **fore** - *futurum esse* – **providere alqd:** irgendeine Vorsichtsmaßnahme treffen, sich irgendwie vorsehen – **Cretenses, -ium:** Kreter, Bewohner von Kreta **fama exit:** ein Gerücht, die Kunde verbreitet sich – Ⓚ *de qua sciebat exisse* ...: verschränkter Rel.-Satz – **amphora, -ae:** Amphore, Tonkrug mit zwei Henkeln – **plumbum:** Blei – **summas <amphoras>:** die oberste Schicht der Amphoren – **operire:** bedecken – Ⓚ *praesentibus principibus*: Abl. abs. (in Anwesenheit der führenden Leute) – **deponere:** abstellen – **Diana, -ae:** Diana (↗ R) – **simulare:** heucheln, so tun als ob – **fortunae, -arum:** Glücksgüter, Vermögen – **fides, -ei** h.: Schutz

His in errorem inductis
statuas aeneas,
quas secum portabat,
omni sua pecunia complet easque in propatulo domus abicit.
Gortynii templum magna cura custodiunt non tam a ceteris quam ab Hannibale,
ne ille inscientibus iis tolleret secumque duceret.
Sic conservatis suis rebus
Poenus omnibus illusis Cretensibus ad Prusiam in Pontum pervenit.

(*Hann.* 9,2-10,1)

a

1. Welche Eigenschaft hebt Nepos an Hannibal bei diesem Vorgehen hervor? Nenne alle Ausdrücke aus dem Text, die darauf hinweisen.
2. Schreibe über diesen Trick des Helden eine kurze Rundfunkreportage.

9. Der Tod des Helden

Hannibal war an den Hof des Königs Prusias von Bithynien geflohen. In Rom erfuhr man von seinem dortigen Aufenthalt. Die Römer, die sich, solange Hannibal lebte, vor seinen Anschlägen nicht sicher glaubten, schickten unverzüglich Gesandte nach Bithynien, um seine Auslieferung zu fordern. Prusias wagte sich dieser Forderung nicht zu widersetzen. Hannibal wurde in seinem Haus in Libyssa ausfindig gemacht.

in errorem inducere: in die Irre führen – **statua:** Statue, Standbild – **aeneus:** aus Erz, ehern – **propatulum:** Vorhof – **abicere** h.: abstellen – **Gortynii, -orum:** Bewohner von Gortyn (↗ Karte)

Ⓚ *iis* (~ *Gortyniis*) *nescientibus*: Abl. abs. (ohne dass sie es wussten, bemerkten) – ⓀErg. <*eas*> *tolleret* – **Poenus:** der Punier (~ *Hannibal*) – **illudere** (*illusi, illusum*) **alqm:** jdn. verspotten, an der Nase herumführen – **Prusias, -ae:** (↗ R) – **Pontus:** Königreich in Kleinasien (am Schwarzen Meer, ↗ Karte)

Hannibal enim uno loco se tenebat, in castello,
quod ei a rege datum erat muneri;
idque sic aedificaverat,
ut in omnibus partibus exitus haberet,
scilicet verens,
ne usu veniret,
quod accidit.
Huc cum legati Romanorum venissent ac
multitudine domum eius circumdedissent,
puer ab ianua prospiciens Hannibali dixit
plures praeter consuetudinem armatos apparere.
Qui imperavit ei,
ut omnes fores aedificii circumiret ac propere nuntiaret,
num eodem modo undique obsideretur.
Puer cum celeriter,
quid esset,
renuntiasset omnesque exitus occupatos ostendisset,
sensit id non fortuito factum,
sed se peti neque sibi diutius vitam esse retinendam.
Quam ne alieno arbitrio dimitteret,
memor pristinarum virtutum venenum,
quod semper secum habere consueverat,
sumpsit.

(*Hann.* 12,3-5)

1. Warum hatte sich Hannibal in eine Burg zurückgezogen? Wozu hat er diese ausgebaut? Welchen Grund hatte er dazu?
2. Warum hat er schließlich Gift genommen? Wie beurteilst du diese Entscheidung?
3. Stelle dir vor, welche Gefühle der *puer* des Hannibal hatte, als er Not und Tod seines Herrn miterlebte. Schreibe einen kurzen Bericht darüber aus der Sicht des *puer.*

---

se tenere h.: sich aufhalten – **castellum:** Festung, Fort, Burg – **exitus, -us** (← *exire*): Ausgang
scilicet (Adv.): ja, natürlich – **usu venire:** vorkommen, tatsächlich eintreten
puer h.: Sklave – **ianua:** Tür, Pforte – **prospicere:** Ausschau, Wache halten – **plures praeter consuetudinem:** mehr als gewöhnlich – **apparere:** sich zeigen – **foris, -is:** Tür – **circumire alqd:** bei etwas herumgehen, nachschauen – **propere** (Adv.): eilig – **obsidere:** belagern, h.: einschließen
(K) *puer*: Subj. im *cum*-Satz – **renuntiare:** Meldung machen – **fortuito** (Adv.): zufällig – **diutius** (Adv. ← *diu*): länger – **vitam retinere:** am Leben festhalten, sich ans Leben klammern
arbitrium: Entscheidung, Willkür – **dimittere** h.: überlassen – **venenum:** Gift

Z 8

Hannibals Festung

Hannibal war auf der Hut. Er wusste, wie besessen die Römer auf seinen Untergang waren. Über Prusias, dessen Schwächen er kannte, machte er sich keine Illusionen. Er besaß eine Zuflucht in Libyssa, an der Südküste der bithynischen Halbinsel: ein regelrechter Fuchsbau, sieben unterirdische Gänge führten ins Freie.
(Serge Lancel, *Hannibal*, 2000)

Selbstmord Hannibals in Libyssa
in Bithynien 183 v.Chr.,
flämische Buchmalerei aus dem 15. Jh.
Gent, Universitätsbibliothek

Z 9

Hannibals Fluch

Der Historiker Livius lässt in seinem Werk *Ab urbe condita* Hannibal, bevor er den Giftbecher trinkt, Folgendes sagen:

„Liberemus diuturna cura populum Romanum, quando mortem senis exspectare longum censent. Nec magnam nec memorabilem ex inermi proditoque Flamininus victoriam feret. Mores quidem populi Romani quantum mutaverint, vel hic dies argumento erit. Horum patres Pyrrho regi, hosti armato, exercitum in Italia habenti, ut a veneno caveret, praedixerunt: Hi legatum consularem, qui auctor esset Prusiae per scelus occidendi hospitis, miserunt.“ Exsecratus deinde in caput regnumque Prusiae, et hospitales deos violatae ab eo fidei testes invocans, poculum exhausit. Hic vitae exitus fuit Hannibalis.

„Befreien wir das römische Volk von einer drückenden Sorge, da sie schon lange den Tod des alten Mannes erwarten. Weder einen großen noch denkwürdigen Sieg wird Flamininus über einen unbewaffneten und verratenen Mann davontragen. Wie sehr die Sitten der Römer sich geändert haben, wird schon der heutige Tag beweisen. Ihre Väter haben dem König Pyrrhos, einem bewaffneten Feind, der sein Heer in Italien hatte, befohlen, sich vor Gift zu hüten: Diese haben einen konsularischen Legaten geschickt, um den Prusias zu veranlassen, das Verbrechen zu begehen, seinen Gast töten zu lassen.“ Dann fluchte er auf sein Leben und auf den Prusias, rief die Gastgötter als Zeugen für die von ihm gebrochene Treue an und leerte den Becher. Dies war das Ende von Hannibals Leben.

(Livius, *Ab urbe condita* 39,51)

1. Beschreibe, in welcher Lage sich Hannibal ständig befand. Welche Gefühle mussten ihn beherrschen? Ziehe dazu Z8 heran.
2. Über welche Entwicklung im römischen Denken und Verhalten erfahren wir bei Livius aus dem Munde des Hannibal? Nenne dafür lateinische Belege aus dem Text.
3. Wogegen richtet sich der Fluch Hannibals (Z9)? Welcher Vorwurf wird gegen Rom erhoben? Was haben die Römer selbst den Karthagern immer vorgeworfen? Nimm zu diesem Konflikt kurz Stellung.
4. Gestalte aus dem Text 9 sowie aus Z8 und Z9 eine kurze spannende Rundfunkreportage unter dem Titel „Ein Held ohne Chance“.

Hannibal als alter Mann,
Aus: Meyers Lexikon, Leipzig o. J.

10. Hannibal im Denken der Nachwelt

Sic vir fortissimus, multis variisque perfunctus laboribus, anno acquievit septuagesimo.
Quibus consulibus interierit,
non convenit.
Atque hic tantus vir tantisque bellis districtus nonnihil temporis tribuit litteris.
Namque aliquot eius libri sunt, Graeco sermone confecti.
Hannibalis belli gesta multi memoriae prodiderunt,
sed ex his duo,
qui cum eo in castris fuerunt simulque vixerunt,
quamdiu fortuna passa est,
Silenus et Sosylus Lacedaemonius.
Atque hoc Sosylo Hannibal litterarum Graecarum usus est doctore.

(*Hann.* 13,1-3, m. A.)

---

perfungi alqa re: etwas durchführen, überstehen – **acquiescere:** zur Ruhe kommen, sterben – **interire:** zugrunde gehen, umkommen – **convenit:** man kommt überein, ist sich einig

districtus alqa re: von etwas beansprucht, mit etwas beschäftigt – **nonnihil temporis:** etwas an Zeit, nicht wenig Zeit – **aliquot:** einige, etliche – **conficere** (*confeci, confectum*) h.: herstellen, abfassen – **gesta, -orum** (← *gerere*): Leistungen – **memoriae prodere:** geschichtlich überliefern

quamdiu: solange – **doctor, -oris** (← *docere*): Lehrer

Z 10 Ein Mann ohne Gewicht?

„Wiege die Asche Hannibals: Auf wie viel Pfund schätzt du diesen berühmten Mann?“

(Juvenal, röm. Dichter, 1./2. Jh. n. Chr.)

Z 11 Vielleicht der erstaunlichste Mann

„Dieser Mann, der wagemutigste von allen, vielleicht der erstaunlichste; so kühn, so sicher, so groß in allem; der mit zwanzig Jahren sich ausdenkt, was kaum denkbar war, ausführt, was für unmöglich gehalten werden musste; der, auf jede Verbindung mit seinem Heimatland verzichtend, sich bei feindlichen und unbekannten Völkern durchschlägt, die anzugreifen und zu besiegen sind, erklimmt die Pyrenäen und die Alpen, die als unüberwindlich galten, und steigt nur nach Italien herab, um mit seiner Armee für sein Recht zu kämpfen; der dies nämliche Italien sechzehn Jahre lang besetzt, durchzieht und regiert, der mehrfach dieses schreckliche und gefürchtete Rom ganz kurz vor seinen Untergang versetzt und seine Beute erst loslässt, als man sich seine Lektion zunutze macht, ihn bei sich zu Hause zu bekämpfen.“

(Napoleon, *Memorial de Sainte-Hélène*, 19. Jh.)

Z 12 Was wäre, wenn...?

„Sich auszumalen, was aus dem westlichen Mittelmeer unter Hannibals Führung geworden wäre, hätte der Barkide sein Unternehmen erfolgreich beenden können, ist ein verlockendes intellektuelles Spiel, aber müßig. Wogegen es durchaus legitim und fruchtbar ist, sich danach zu fragen, wie sehr Hannibal die Epoche, in der er lebte, und paradoxerweise die Stadt, die ihn besiegte, geprägt hat. Ohne den Peitschenschlag, den er der Welt jener Zeit versetzte, wäre das Erbe, das uns hinterlassen wurde, ein anderes.“

(Serge Lancel, *Hannibal*, 2000)

Z 13 Der Friedensvertrag

Karthago blieb auch nach Hannibals Tod ein gefährlicher Gegner Roms. Da es als Hauptstadt bald wieder aufblühte, zerstörten die Römer im 3. Punischen Krieg die politisch wehrlose, aber wirtschaftlich sehr unbequeme Konkurrentin im Jahr 146 v. Chr. Ein Frieden zwischen Römern und Karthagern wurde damals nicht geschlossen. Das sollte erst sehr viel später geschehen.

a

1. Wie wird Hannibal von Nepos beurteilt? Suche die dafür einschlägigen Begriffe und Wendungen aus dem Text. Wie denkt der Dichter Juvenal von ihm? (Z. 10) Wie sieht Kaiser Napoleon den karthagischen Imperator? (Z. 11)
2. Beschreibe ein Fantasiebild, das zeigt, was vielleicht aus Europa und der westlichen Welt geworden wäre, wenn Hannibal nicht vor den Toren Roms haltgemacht hätte. (Z. 12)
3. Vergleiche in einer kurzen Skizze Hannibal mit einer anderen Gestalt, die du bei der Nepos-Lektüre kennengelernt hast.
4. Begründe anhand der folgenden Zeitungsnotiz, warum man erst nach so langer Zeit einen Frieden zwischen Rom und Karthago geschlossen hat.
   Diskutiert, ob man hier von einer späten Versöhnung der Kontinente Afrika und Europa sprechen könnte.

Rom und Karthago schließen Frieden

Vertrag wird gut 2000 Jahre nach dem letzten Punischen Krieg unterzeichnet

Rom (dpa) Mehr als 2000 Jahre nach der Zerstörung Karthagos durch Truppen der Römer wollen Vertreter der beiden Städte symbolisch einen „Friedensvertrag“ unterzeichnen. Roms kommunistisches Stadtoberhaupt Ugo Vetere wird am 2. Februar nach Tunesien reisen, um zusammen mit dem Bürgermeister Karthagos, Chadli Klibi, seine Unterschrift unter den „Vertrag“ zu setzen. Karthago ist heute ein Vorort von Tunis.
Seit den allen Lateinschülern sattsam bekannten Punischen Kriegen, die 146 vor Christus mit der Eroberung Karthagos endeten, gibt es keinen „Friedensvertrag“ zwischen Puniern (Karthagern) und Römern. Dies soll jetzt nachgeholt werden, um „einen Beitrag zum Verständnis der Völker und zur Festigung des Friedens und der Zusammenarbeit“ zu leisten, sagte der tunesische Botschafter in Rom, Ahmed Bensour, zu der Initiative.

Süddeutsche Zeitung vom 19.01.1985

Anhang

I. Projektbezogene Wortschatzarbeit

Die folgenden Vokabellisten enthalten einen Basis-Wortschatz mit Wörtern, die in mindestens zwei der fünf hier ausgewählten Biografien vorkommen, und für jede Biografie einen Ergänzungswortschatz mit den dafür nötigen Vokabeln. Diese Listen dienen zum Nachschlagen oder zum Wiederholen bzw. Lernen des Wortschatzes während der laufenden Lektüre. Der Basis-Wortschatz muss immer gelernt werden, der Ergänzungswortschatz je nach Bedarf.

Basis-Wortschatz
(226 LW)

Ergänzungs-Wortschatz

Themistocles	**Alkibiades**	**Thrasybulos**	**Epaminondas**	**Hannibal**
(61 LW)	(84 LW)	(43 LW)	(64 LW)	(109 LW)

1. Basis-Wortschatz

a/ab (Präp. m. Abl.)	von, von ... her
ac/atque	und, und auch
accidere (*accidi*)	geschehen, sich ereignen
accipere (*accepi*, *acceptum*)	erhalten, erfahren
ad (Präp. m. Akk.)	an, bei, nach, zu
adeo (Adv.)	so sehr
adversus (Präp. m. Akk.)	gegen, gegenüber
aggredi (*aggressus sum*)	angreifen
alius	ein anderer, der andere
amare	lieben
amicus	Freund
amor, -oris	Liebe
animus	Geist, Gesinnung, Mut
annus	Jahr
ante (Präp. m. Akk.)	vor
antea (Adv.)	vorher, früher
appellare	1. anrufen 2. nennen
apud (Präp. m. Akk.)	bei
arbitrari	glauben, meinen
arma, -orum	Waffen
at (Konj.)	aber
audere (*ausus sum*)	wagen
audire	hören
autem (Konj. nachgestellt)	aber, jedoch
bellum	Krieg
bellum gerere	Krieg führen
bona, -orum	das Gute, Güter
bonus	gut, tüchtig
brevis, -e	kurz

capere (*cepi, captum*)	fassen, nehmen, erobern
castra, -orum	Lager
casus, -us	Fall, Zufall
causa	Sache, Prozess, Ursache
ceteri, -orum	die übrigen, die anderen
civis, -is	Bürger
civitas, -atis	Bürgerschaft, Gemeinde, Staat
cognoscere (*cognovi, cognitum*)	erkennen, kennenlernen
consilium	Plan, Beschluss, Rat, Versammlung
contra (Präp. m. Akk.)	gegen, gegenüber
copiae, -arum	Truppen
corpus, -oris	Körper, Leiche
credere (*credidi, creditum*)	glauben, vertrauen
cum (Präp. m. Abl.)	mit
cum (Subj. m. Konj.)	als, da, obwohl
cum (Subj. m. Ind.)	(zu der Zeit) als, (immer) wenn
dare (*dedi, datum*)	geben
de (Präp. m. Abl.)	von ... herab, über
defendere (*defendi*)	verteidigen
deus	Gott
dignus (m. Abl.)	würdig (einer Sache)
dignitas, -atis	Ansehen, Würde (gesellschaftliche) Stellung
diligens, -ntis	sorgfältig, gewissenhaft
dicere (*dixi, dictum*)	sagen
dicitur (m. NcI)	man sagt, dass
discedere (*discessi*)	weggehen, auseinandergehen
diu (Adv.)	lange
dominus	Hausherr, Herr, Gebieter
domus, -us	Haus
ducere (*duxi, ductum*)	führen, halten für
dum (Subj. mit Ind./Konj.)	während, solange als/bis
duo, duae, duo	zwei
efficere (*effeci, effectum*)	bewirken, herstellen
enim (Konj. nachgestellt)	nämlich, in der Tat
esse (*fui*)	sein
existimare	glauben, meinen
exercitus, -us	Heer
expellere (*expuli, expulsum*)	vertreiben, verbannen
facere (*feci, factum*)	machen, tun, handeln
facilis, -e	leicht
fieri (*factum esse*)	1. gemacht werden 2. werden, geschehen
ferre (*tuli, latum*)	tragen, bringen; ertragen
filius	Sohn
fortis, -e	tapfer, kräftig
fortuna	Glück, Schicksal
fuga	Flucht
genus, -eris	Abstammung, Art, Geschlecht
gerere (*gessi, gestum*)	ausführen, führen, tragen
gloria	Ruhm, Ehre
habere (*habui*)	haben, halten; halten für
hic/haec/hoc	dieser, diese, dieses

homo, -inis	Mensch
hostis, -is	Feind
iam (Adv.)	schon, nun
ibi (Adv.)	dort
idem, eadem, idem	derselbe, dieselbe, dasselbe
ignis, -is	Feuer
ille, illa, illud	jener, jene, jenes
imprimis (Adv.)	besonders, vor allem
imperare	befehlen
imperator, -oris	Befehlshaber, Feldherr, Kaiser
in (Präp. mit Akk.)	in ... hinein, nach, gegenüber
(Präp. mit Abl.)	in, an, auf
incipere (*coepi, coeptum*)	beginnen, anfangen
incendium	Brand
inimicus	Feind
inire (*inii, initum*)	hineingehen, beginnen
instare	bevorstehen, drohen
intellego (*intellexi, intellectum*)	(be)merken, verstehen
interficere (*interfeci, interfectum*)	töten, beseitigen
invenire (*inveni, inventum*)	finden, erfinden
invidia	Neid, Missgunst
ipse, ipse, ipsum	(er, sie, es) selbst, persönlich
is, ea, id	dieser, diese, dieses; er, sie, es
ita	so
itaque (Konj.)	deshalb, daher
iter, itineris	Reise, Marsch, Weg
iubere (*iussi, iussum*)	anordnen, befehlen
iudicare	beurteilen, urteilen
labor, -oris	Arbeit, Mühe, Anstrengung
laus, laudis	Lob, Ruhm
liber, -a, -um	frei
liberare	befreien
libertas, -atis	Freiheit
locus	Ort, Platz, Stelle
loca, -orum	Orte, Gegend
loqui (*locutus sum*)	reden, sprechen
magis (Adv.)	mehr
magnus, maior, maximus	groß, größer, am größten
manus, -us	1. Hand 2. Schar (von Bewaffneten)
mare, -is	Meer
memoria	Erinnerung, Gedächtnis
mille	tausend
duo milia	zweitausend
mittere (*misi, missum*)	schicken, senden
mos, moris	1. Sitte, Brauch 2. Charakter
multi	viele
multitudo, -inis	Menge
nam (Konj.)	denn, nämlich
navis, -is	Schiff
natura	Natur, Wesen, Beschaffenheit
natus (ex aliquo)	geboren, abstammend, Sohn

ne (Subj. m. Konj.)	dass nicht, damit nicht; dass (nach Verben des Fürchtens)
nemo	niemand
negare	leugnen, verneinen; sagen, dass nicht
nihil	nichts; keineswegs
nisi (Subj. mit Ind./Konj.)	wenn nicht
nobilis, -e	adelig, berühmt, vornehm
non solum, sed etiam	nicht nur, sondern auch
nox, noctis	Nacht
numquam (Adv.)	niemals
nullus	keiner
nuntiare	melden
nuntius	Bote, Nachricht
omnis, -e	all, ganz, jeder; Pl.: alle
opprimere (*oppressi, oppressum*)	bedrohen, niederwerfen, unterdrücken
oppidum	Stadt, Befestigung
oratio, -onis	Rede
par, paris	gleich, ebenbürtig
parvus	klein, gering
pater, -tris	Vater
pati (*passus sum*)	(er)leiden, dulden; zulassen
patria	Vaterland, Heimat
pax, pacis	Frieden
per (Präp. m. Akk.)	durch, hindurch
periculum	Gefahr, Risiko
pernicies, -ei	Verderben, Vernichtung
petere (*petivi, petitum*)	(auf)suchen, bitten, erstreben, verlangen
plus, plurimum	mehr, am meisten
plurimi, -orum	die meisten
populus	Volk
posse (*potui*)	können
post (Präp. m. Akk.)	nach
postea (Adv.)	nachher
postquam (Subj. mit Ind. Perf.)	nachdem
praeesse (*praefui*)	an der Spitze stehen, leiten
praeter (Präp. m. Akk.)	außer
pristinus	früher
priusquam (Subj. mit Ind./Konj.)	ehe, bevor
pro (Präp. m. Abl.)	1. vor 2. für, an Stelle von
proelium	Kampf, Schlacht
prohibere (*prohibui*)	verhindern, abhalten
propter (Präp. m. Akk.)	wegen
provincia	Provinz
pugnare	kämpfen
pugna	Kampf
putare	glauben, meinen; halten für
quaerere (*quaesivi, quaesitum*)	1. erwerben, wollen, suchen 2. fragen
quam (beim Komp.)	als
quantus	wie groß
qui, quae, quod (Rel.-Pron.)	welcher, welche, welches; der, die das
quod (Subj. m. Ind.)	weil; dass

relinquere (*reliqui, relictum*)	zurücklassen, verlassen
reperire (*repperi, repertum*)	(wieder)finden
res, rei	Angelegenheit, Ding, Sache
res publica	Staat
resistere (*restiti*)	sich widersetzen, Widerstand leisten
rex, regis	König
salus, -utis	Heil, Rettung
sapiens, -ntis	weise
se (reflex. Pron.)	sich
sed (Konj.)	aber
sequi (*secutus sum*)	folgen
sic	so
sine (Präp. m. Abl.)	ohne
solus	allein, einzig
summus	der oberste, am höchsten
tam	so
tamen (Konj.)	dennoch
tantus	so groß
tempus, -oris	1. (günstige) Zeit 2. Zeitumstände
tenere (*tenui*)	besitzen, festhalten, behalten
terra	Erde, Land
timor, -oris	Furcht, Angst
transire (*transire, transitum*)	durchqueren, hinübergehen, überschreiten
tribuere (*tribui, tributum*)	zuteilen, schenken
tum (Adv.)	da, dann, darauf, damals
universus	1. all, gesamt 2. Pl.: alle (zusammen)
unus	ein(er), ein einziger
urbs, urbis	Stadt
ut (Subj. m. Konj.)	(so) dass; damit
ut (Sub. m. Ind.)	wie; sobald
uti (*usus sum*)	benützen, gebrauchen
utilis, -e	nützlich
uxor, -oris	Ehefrau
velle (*volui*)	wollen
venire (*veni*)	kommen
verus	wahr
victor, -oris	Sieger
victoria	Sieg
videre (*vidi, visum*)	sehen
videri (m. NcI)	scheinen
vincere (*vici, victum*)	siegen
vir, viri	Mann
vires, virium	(Streit-)Kräfte
virtus, -utis	1. Tapferkeit, Tüchtigkeit 2. Pl.: gute Eigenschaften
vis (vim, vi)	Gewalt, Kraft, Menge
vita	Leben
vitium	Fehler, schlechte Eigenschaft
vivere (*vixi*)	leben

2. Ergänzungs-Wortschatz

2.1 Themistokles (61 LW)

adventus, -us (*advenire*)	Ankunft
adulescens, -ntis	jung, junger Mann
aedificare	bauen
amicitia	Freundschaft
angustus	eng, schwierig
brevi (Adv.)	in Kürze
circumdare	umgeben
cogere (*coegi, coactum*)	(ver)sammeln, zwingen
comparare	vergleichen
conari (*conatus sum*)	versuchen
conficere (*confeci, confectum*)	fertigmachen, beenden
conicere (conieci)	(zusammen)werfen, folgern, vermuten
damnare alqm alcs rei	jdn. verurteilen wegen etwas
deligere	auswählen
dolus	List, Täuschung
ducenti, -orum	zweihundert
uxorem ducere	eine Frau heiraten
effugere (*effugi*)	entfliehen
eicere (*eieci, eiectum*)	hinauswerfen, vertreiben
eques, -itis	Reiter, Ritter
exstinguere (*exstinxi, exstinctum*)	auslöschen, vernichten
quo fit, ut	so kommt es, dass
flamma	Feuer, Flamme
frangere (*fregi, fractum*)	(zer)brechen
res gestae	Taten
hortari (*hortatus sum*)	auffordern, ermahnen
iacere (*ieci, iactum*)	werfen
idoneus	geeignet, passend
initium	Anfang, Eingang
iterum (Adv.)	wiederum
lex, legis	Gesetz, Bedingung
longus	lang, weit
manere (*mansi*)	bleiben, (er)warten
minus (Adv.)	weniger
moenia, -ium	Mauer
munire	bauen, befestigen; schützen
murus	Mauer
numerus	Zahl, Menge
occupare	besetzen, einnehmen
oportet (*oportuit*)	es gehört sich, es ist nötig
parentes, -ium	Eltern
perire (*perii*)	umkommen, zugrunde gehen
pons, pontis	Brücke
portus, -us	Hafen
progredi	vorrücken, weiterziehen
protinus (Adv.)	sofort
quadringenti, -orum	vierhundert

quisquam	(irgend)jemand
quo (fit, ut)	so (kommt es, dass)
respondere (*respondi, responsum*)	antworten
restituere (*restitui, restitutum*)	wiederherstellen
reverti (*reverti*)	zurückkehren
rogare	fragen, bitten
sanctus	heilig, ehrwürdig
sacerdos, -otis	Priester(in)
septingenti, -orum	siebenhundert
servire	dienen
servus	Sklave
singulus	je ein, jeder einzelne
statim (Adv.)	sogleich
sustinere	ertragen, standhalten

2.2 Alkibiades (84 LW)

aetas, -atis	Lebensalter, Zeitalter, Zeit
acer, acris, acre	energisch, heftig, scharf
accidit, ut	es ereignet ist, dass
adversus	entgegengesetzt, feindlich
aliquando (Adv.)	einst, einmal
amplus	bedeutend, groß, weit
aureus	golden
carus	lieb, teuer
caput, -itis	Hauptstadt, Kopf
cavere (*cavi*), ne	sich hüten davor, dass
circiter (Adv.)	ungefähr
clam (Adv.)	heimlich
coepisse (↗ *incipere*)	begonnen haben
communis, -e	gemeinsam
conferre (*contuli, collatum*)	zusammentragen, vergleichen
conicere (*conieci, coniectum*)	(zusammen)werfen; folgern, vermuten
coniuratio, -onis	Verschwörung
consequi (*consecutus sum*)	erreichen, nachfolgen
constat (inter omnes)	es ist (allgemein) bekannt
consuescere (*consuevisse*)	sich gewöhnen (gewohnt sein, pflegen)
culpa	Schuld
custos, custodis	Wächter
damnare capitis	zum Tode verurteilen
deinde (Adv.)	darauf
descendere (*descendi*)	herabsteigen
diutius (Adv.)	länger
dives, -itis	reich, begütert
diversus	entgegengesetzt, verschieden
domum (Adv.)	nach Hause
donare	beschenken
egredi (*egressus sum*)	herausgehen, verlassen
effugere (*effugi*)	entfliehen, entkommen
experiri (*expertus sum*)	erfahren, versuchen
familiaris, -e	1. freundschaftlich, vertraut, 2. Freund

ferrum	Eisen, Schwert
ferus	wild
fingere (*finxi, fictum*)	gestalten, sich etwas ausdenken
flamma	Feuer, Flamme
fortuna	Glück, Schicksal
fuisse (Inf. Perf. zu *esse*)	gewesen sein
gladius	Schwert
hospes, -itis	Fremder, Gast, Gastgeber
imitari (*imitatus sum*)	nachahmen
inde (Adv.)	von dort; darauf, deshalb
instituere (*institui, institutum*)	beginnen, einrichten; unterrichten
licentia	Freiheit, Willkür
lingua	Rede, Sprache
maxime (Adv.)	am meisten, besonders
minus (Adv.)	weniger
mittere (*misi, missum*)	(los)lassen, schicken; werfen
more (m. Gen.)	nach Art von
multum (Adv.)	vielfach
multo (beim Komp.)	um vieles
timere, ne	fürchten, dass
nihil nisi	nichts außer
nolle (*nolui*)	nicht wollen
opera	Arbeit, Mühe, Zutun
ostendere (*ostendi*)	zeigen, erklären
parere (*parui*)	gehorchen
perferre (*pertuli, perlatum*)	(über)bringen, übertragen
pertinere ad alqd	etwas betreffen, zu etwas gehören; sich bis zu etwas erstrecken
plura	mehr(eres)
poscere (*poposci*)	fordern
potens, -ntis	mächtig, stark
praedicare	behaupten
privatus	1. persönlich, privat, 2. Privatperson
quadraginta	vierzig
quare	deshalb, daher
quidam, quaedam, quoddam	ein gewisser, irgendeiner
quiescere (*quievi*)	ausruhen, schlafen
quis (ali...)	irgendeiner
redire (*redii*)	zurückkehren
reri (*ratus sum*)	rechnen, meinen
ratus (m. AcI)	in der Meinung, dass
secundus	1. der zweite, 2. günstig
superare	besiegen, überragen, übertreffen
talis, -e	derartig, ein solcher; so beschaffen
telum	(Angriffs-)Waffe, Geschoss
tempestas, -atis	1. Sturm; (schlechtes) Wetter, 2. Zeit
valere (*valui*)	gesund sein, stark sein; Einfluss haben
vel ... vel	entweder ... oder
verbum	Wort, Äußerung
videri (m. NcI)	scheinen
vulgus	1. die große Masse, Pöbel, 2. Leute aus dem Volk

2.3 **Thrasybulos** (43 LW)

accusare alqm alcs rei	jdn. wegen etwas anklagen
an (Fragesignal im indir. Fragesatz)	ob
augere (*auxi, auctum*)	vermehren, fördern
boni	die Guten, die Patrioten
bonum	das Gut(e)
clarus	berühmt, hell, klar
condicio, -onis	Bedingung, Lage, Verabredung
contentus alqa re	mit etwas zufrieden
contingit, ut	es gelingt, dass
corrumpere (*corrupi, corruptum*)	bestechen, verderben
dono dare	zum Geschenk geben
decem	zehn
dividere (*divisi, divisum*)	teilen, trennen
donum	Geschenk
dubitare, an	zweifeln, ob nicht
fides, fidei	Glaube, Treue, Vertrauen, Zuverlässigkeit
hinc (Adv.)	von hier
honos, -oris	Ehre, Ehrenamt
inferre (*intuli, illatum*)	hineintragen, hinzufügen
initium	Anfang, Eingang
inter (Präp. m. Akk.)	unter, während, zwischen
iudex, -icis	Richter
lex, legis	Gesetz
multare	(ver)ändern, verwandeln
parcere (*peperci*)	schonen
pauci	wenige
persequi (*persecutus sum*)	verfolgen
plurimum posse	sehr großen Einfluss haben
primum (Adv.)	erstens, zuerst, zum ersten Mal
quia (Subj.)	weil
quidem (Adv.)	freilich, gewiss; wenigstens, zwar
quis (ali ...)	irgendeiner
quisquam	irgendjemand
quoque (nachgestellt)	auch
reddere (*reddidi, redditum*)	1. zurückgeben, 2. zu etwas machen
requirere (*requisivi, requisitum*)	aufsuchen, sich erkundigen, erlangen
senex, senis	Greis, alter Mann
septuaginta	siebzig
servitus, -utis	Knechtschaft, Sklaverei
sine (Präp. m. Abl.)	ohne
suos (Akk.)	seine / ihre Leute
triginta	dreißig
umquam (Adv.)	jemals

2.4 Epaminondas (64 LW)

accedere (*accessi*)	herbeikommen, hinzukommen
alienus	fremd
animadvertere (*animadverti*)	bemerken
argentum	Silber
audax, -acis	kühn, frech
aurum	Gold
caedes, -is	Blutbad, Mord
consumere (*consumpsi, consumptum*)	verbrauchen, verwenden
contendere (*contendi*)	sich anstrengen, behaupten; eilen; kämpfen
currere (*cucurri*)	laufen
deesse (*defui*)	abwesend sein, fehlen
discere (*didici*)	lernen, erfahren
egredi (*egressus sum*)	herausgehen, verlassen
extremus	der äußerste, letzte
facillime (Adv.)	sehr leicht, am leichtesten
ferrum	Eisen; Waffe
finis, finis	Ende, Ziel
gratus	dankbar, willkommen
gravis, -e	schwer
honestus	ehrenvoll
ignoscere (*ignovi*)	verzeihen
iniuria	Unrecht, Beleidigung
inquit	sagt(e) er
levis, -e	leicht, leichtsinnig
liberi, -orum	Kinder
magnitudo, -inis	Größe
maiores, -um	Vorfahren
malus	schlecht, schlimm
male (Adv.)	schlecht
mihi / me (Pers.-Pron.)	mir / mich
minus (Adv.)	weniger
mirari (*miratus sum*)	bewundern, sich wundern
mori (*mortuus sum*)	sterben
ne ... quidem	nicht einmal
necesse est	es ist nötig
neque tamen	dennoch nicht
nolle (*nolui*)	nicht wollen
noster, nostra, nostrum (Poss.-Pron.)	der unsere, die unsere, das unsere
pauper, -eris	arm
pecunia	Geld, Vermögen
peius (Adv.)	schlechter
peritus	erfahren
philosophia	Philosophie
potius (Adv.)	eher, lieber
praecipere (*praecepi, praeceptum*)	(be)lehren, vorschreiben
princeps, -ipis	der Erste, der führende Mann
prius (Adv.)	früher
quae (Rel. Satzanschluss)	diese, dieses

satis (Adv.)	genug
scire (*scivi*)	kennen, verstehen, wissen
scribere (*scripsi, scriptum*)	schreiben
sicut	(so) wie
similis, -e (alcs)	ähnlich (jdm.)
simul (Adv.)	gleichzeitig, zugleich
statim (Adv.)	auf der Stelle, sogleich
studium	Beschäftigung, Eifer, Interesse
talis, -e	derart, ein solcher, so (beschaffen)
non tam ... quam	nicht so sehr ... als vielmehr
temptare	versuchen, angreifen
tui / tibi / te (Pers.-Pron.)	deiner / dir / dich
usus, -us	Benutzung, Nutzen
veritas, -atis	Wahrheit
vero (Adv.)	1. in der Tat, wirklich, 2. aber
vulnus, -eris	Wunde

2.5 Hannibal (109 LW)

acies, -iei	Front, Schlachtordnung, Kampf
adducere (*adduxi, adductum*)	heranführen, veranlassen
aedificare	bauen
aedificium	Gebäude
aetas, -atis	Lebensalter, Zeitalter, Zeit
alienus	fremd
amplus	bedeutend, groß, weit
anima	Atem, Leben
ara	Altar
argentum	Silber
armatus	bewaffnet
aurum	Gold
avaritia	Geiz, Habsucht
callidus	schlau, klug
celer, celeris, celere	schnell
circumdare (*circumdedi, circumdatum*)	umgeben
claudere (*clausi, clausum*)	abschließen, einschließen
cogitare	beabsichtigen, denken
complures, -ium	mehrere
conari (*conatus sum*)	versuchen
conservare	retten, bewahren, erhalten
consuescere (*consuevi*)	sich gewöhnen
cornu, -us	Horn; Flügel (des Heeres)
cura	Pflege, Sorge
custodire	bewachen
debere (*debui, debitum*)	schulden, müssen
dies, -iei	Tag, Termin
dimittere (*dimisi, dimissum*)	aufgeben, entlassen
divinus	göttlich
dolus	List, Täuschung
domi (Adv.)	zu Hause
dubitare	1. zweifeln, 2. zögern

e / ex (Präp. m. Abl.)	aus, heraus
egredi (*egressus sum*)	herausgehen, verlassen
ego (Pers.-Pron.)	ich
extra (Präp. m. Akk.)	außerhalb (von)
gens, gentis	Familienverband, Geschlecht; Stamm, Volk
hic (Adv.)	hier
hodie (Adv.)	heute
huc (Adv.)	hierher
incendere (*incendi*, *incensum*)	anzünden, entflammen
inquit	sagt(e) er
instituere (*institui*, *institutum*)	beginnen, einrichten; unterrichten
ire (*ii*)	gehen
iurare	schwören
iusiurandum	Schwur, Eid
legatus	Bevollmächtigter, Gesandter
liber, libri	Buch
litterae, -arum	Brief, Literatur; Wissenschaft
memor alcs rei	in Erinnerung an etwas
mens, mentis	Geist, Sinn, Verstand
mihi / me (Pers.-Pron.)	mir, mich
modus	1. Art, Weise, 2. Maß
mons, montis	Berg
morari (*moratus sum*)	(sich) aufhalten
munus, -eris	1. Geschenk, 2. Aufgabe
muneri dare	zum Geschenk geben
-ne (Fragesignal im indir. Fragesatz)	ob
noctu (Adv.)	nachts
novem	neun
num (Fragesignal im indir. Fragesatz)	ob
odium	Hass
occupare	besetzen, einnehmen
ostendere (*ostendi*)	zeigen, erklären
parare	1. (vor)bereiten, vorhaben, 2. erwerben
pars, partis	Teil, Seite, Richtung
pellere (*pepuli*, *pulsum*)	schlagen, vertreiben
pervenire	kommen zu / nach, gelangen
portare	tragen, bringen
postulare	fordern
praestare alci alqa re	jdn. in etwas übertreffen
prius (Adv.)	früher, zuerst
proficisci (*profectus sum*)	(ab)reisen, abbrechen
propinquus	1. nahe, 2. Verwandter
providere (*providi*, *provisum*)	1. vorhersehen, sorgen für
(mit ut / ne)	2. dafür sorgen (dass / dass nicht)
quare (Rel.-Satzanschluss)	deshalb
qui / quae (Rel.-Satzanschluss)	dieser / diese
quid (ali...)	irgendetwas
quidem (Adv.)	freilich, gewiss, wenigstens, zwar
quod (ali...) donum	irgendein Geschenk
reliquus	künftig, übrig
res gestae	Taten, Leistungen

reverti (*reverti*)	zurückkehren
satis (Adv.)	genug
scire (*scivi*)	kennen, verstehen, wissen
semper (Adv.)	immer
sentire (*sensi, sensum*)	fühlen, meinen, wahrnehmen
septuagesimus	der siebzigste
sermo, -onis	Gespräch, Sprache
sibi / se / secum (refl. Pers.-Pron.)	für sich / sich / mit sich
simul (Adv.)	zugleich, gleichzeitig
sumere (*sumpsi, sumptum*)	nehmen
superare	besiegen, überragen, übertreffen
non tam ... quam	nicht so sehr ... als vielmehr
talis, -e	derartig, ein solcher, so (beschaffen)
templum	Tempel
terror, -oris	Schrecken
tollere (*sustuli, sublatum*)	aufheben, in die Höhe heben, wegnehmen
traducere (*traduxi, traductum*)	hinüberbringen, übersetzen
umquam (Adv.)	jemals
undique (Adv.)	von allen Seiten
usque ad (Präp. m. Akk.)	bis zu
varius	bunt, verschieden, vielfältig
velut	wie, wie z. B.
vereri (*veritus sum*)	1. fürchten, sich scheuen, 2. verehren
verens, ne	aus Furcht, dass
verum	aber, sondern
vincere (*vici, victum*)	(be)siegen, übertreffen
vix (Adv.)	kaum (nur), mit Mühe

II. Autorenbezogene Grammatikarbeit

Anhand der folgenden Zusammenstellung lassen sich die Schwerpunkte der lateinischen Syntax wiederholen und vertiefen, und zwar ausschließlich und unmittelbar an Beispielen, die in den hier aus Nepos ausgewählten Texten begegnen. Auf diese Weise ist die autorenbezogene Grammatikarbeit in die laufende Lektüre fest integriert. Das Gelernte ist jeweils sofort anwendbar und fördert eine schnellere Lektüre. Die in Klammern angegebenen Siglen (Th = Themistokles; A = Alkibiades; Thra = Thrasybulos; E = Epaminondas; H = Hannibal) lassen auch eine nach Biografien getrennte Grammatikarbeit zu.

1. Zur Kasussyntax

1.1 Genitiv

Genitivus possessivus

contio **populi** (Th)	die Versammlung des Volkes
unius viri prudentia (Th)	die Klugheit des einzigen Mannes

animi bona (E)	Vorzüge des Geistes
Genitivus subiectivus	
invidiam **civium suorum** (Th, H) effugere	dem Neid seiner Mitbürger entgehen
amor **civium** (Thra)	die Liebe der Bürger
Genitivus obiectivus	
initium **salutis** (Thra)	der Anfang zur Rettung
caritas **patriae** (A, Thra, E)	die Liebe zum Vaterland
praeceptor **philosophiae** (E)	der Lehrer in der Philosophie
Genitivus partitivus	
nihil **doli** (Th)	nichts an List
plurimum **studii** (E)	sehr viel Eifer
satis **auri** (E)	genug Gold
callidissimus **omnium** (H)	der Schlaueste von allen
Genitivus qualitatis	
eius generis **multitudo** (H)	eine Menge von solcher Art
omnes **suae aetatis** (A)	alle Leute seiner Zeit (seines Alters)
Genitivus criminis	
accusare alqm **ante actarum rerum** (Thra)	jdn. wegen früherer Taten anklagen
Genitiv bei Adjektiven	
consilii plenus (H)	voller Entschlusskraft
memor **pristinarum virtutum** (H)	in Erinnerung an die früheren Leistungen

1.2 Dativ

Dativ bei Verben	
parere **communi utilitati** (A)	sich dem gemeinsamen Nutzen unterordnen
prodesse **rei publicae** (A)	dem Staat von Nutzen sein
praeesse **imperio** (Th)	die Herrschaft leiten
Civibus fortuna **in bello** pepercit. (Thra)	Die Bürger hat das Schicksal im Krieg verschont.
timorem inicere **alci** (Th, H)	jdm. Furcht einjagen
se totum dare **rei publicae** (Th)	sich ganz dem Staat widmen
hostem esse **civitati** (A)	sich dem Staat als Feind erweisen
instare **hostibus** (E)	den Feinden zusetzen
Dat. commodis / Dat. finalis	
alci esse **saluti / perniciei** (Thra)	für jdn. die Rettung / das Unheil bedeuten
alci venire **auxilio** (Thra)	jdm. zu Hilfe kommen
alci esse **laudi** (E)	für jdn. Lob und Anerkennung bedeuten
alci dare **muneri** (H)	jdm. zum Geschenk geben
Dativus auctoris	
Hannibali vita non diutius retinenda erat. (H)	Hannibal durfte sich nicht länger am Leben festklammern. (Von Hannibal durfte...)

1.3 Akkusativ

Akkusativ bei Verben	
invidiam civium effugere (Th, H)	dem Neid der Mitbürger entgehen
Akkusativ der Richtung	
Thebas venire (A)	nach Theben kommen
Lacedaemonem demigrare (A)	nach Sparta auswandern
doppelter Akkusativ	
aliquem uxorem ducere (Th)	jemanden zur Frau nehmen

aliquem laude **dignum** ducere (E)	jemanden für lobenswert halten
aliquem amicum habere (Th)	jemanden zum Freund haben
Philosophiae **praeceptorem** habuit **Lysin.** (E)	In der Philosophie hatte er Lysis zum Lehrer.
aliquem robustiorem facere (Thra)	jemanden stärker machen
Eam Athenienses **legem** oblivionis appellaverunt. (Thra)	Die Athener nannten es das Gesetz des Vergessens.

1.4. Ablativ

Ablativus loci

et **terra** et **mari** (Th)	zu Wasser und zu Lande
alieno loco	an fremdem Ort
hoc bello (Th)	in diesem Krieg

Ablativus temporis

una nocte (A)	in einer einzigen Nacht
Quibus consulibus interierit, notum non est. (H)	Unter welchen Konsuln er umgekommen ist, ist nicht bekannt.

Ablativus instrumenti

se **moenibus** defendere (Th)	sich durch Mauern verteidigen
templum **magna cura** custodire (Th)	den Tempel mit großer Sorgfalt bewachen
armis vinci (Th)	mit Waffen besiegt werden
contentus **corona** (Thra)	mit einem Kranz zufrieden
laude dignus (E)	des Lobes würdig

Ablativus causae

consilio Themistoclis (Th)	aufgrund des Planes des Themistokles
Unius viri **prudentia** Graecia liberata est. (Th)	Durch die Klugheit eines Mannes ist Griechenland die Freiheit erhalten geblieben.

Ablativus qualitatis

magister equitum **pari imperio** (H)	ein Reiteroberst mit gleicher Befehlsgewalt
eadem mente esse (H)	derselben Gesinnung sein
magna gloria esse (Thra)	großen Ruhm genießen
pari modo / eodem modo (Th, H)	auf die gleiche / dieselbe Art und Weise

Ablativus limitationis

gentes **virtute** superare (H)	Völker an Tapferkeit übertreffen
Neminem huic praefero **fide et constantia.** (Thra)	Ich ziehe niemanden diesem vor, was Treue und Charakterfestigkeit anbelangt.

Ablativus mensurae

Multo plura feci. (Th)	Ich habe viel mehr geleistet.
multo formosissimus (A)	bei Weitem (um vieles) der Schönste
tanto praestare ceteris **prudentia** (H)	um so viel die übrigen an Klugheit überragen

Ablativus separativus

alqm **periculo** liberare (H)	jdn. von der Gefahr befreien
patria (ex)pelli (Th, A)	aus dem Vaterland vertrieben werden
Karthagine proficisci (H)	aus Karthago abreisen

Ablativus originis

natus **summo genere** (A)	abstammend von höchstem Geschlecht

Ablativ als Objekt

alqo uti **doctore** litterarum (H)	jdn. zum Lehrer in den Wissenschaften haben

2. Syntax der satzwertigen Konstruktionen

2.1 Infinitiv

Subjekts- und Objektsinfinitiv

Necesse est **patriam defendere**. (Th)	Es ist notwendig, das Vaterland zu verteidigen.
Saltare in vitiis ponitur. (E)	Tanzen wird zu den Fehlern gezählt.
Tecum colloqui volo. (Th)	Ich will mich mit dir unterhalten.
Nemo **extra vallum egredi** ausus est.	Niemand wagte es, den Wall zu verlassen.

AcI

Apparet **hoc factum esse**. (A)	Es zeigt sich, dass dies geschehen ist.
Ex hoc facillime disci arbitrabatur. (E)	Daraus könne man, so glaubte er, am leichtesten lernen.
Omnes admirantur **in uno homine esse tam diversam naturam**. (A)	Alle wundern sich, dass in einem Menschen eine so verschiedene Natur steckt.
Alcibiades **se damnatum esse** audivit. (A)	Alkibiades hörte, dass er verurteilt worden sei.
Epaminondas animadvertit **se statim animam emissurum** <esse>. (E)	Epaminondas merkte, dass er sofort sterben werde. (Konj. Plqmpf. als Ersatz für Konj. Fut. II)
Vidit vir **in magno se fore periculo**, nisi quid providisset. (H)	Der Mann sah, er werde in großer Gefahr sein, wenn er nichts dagegen unternehme. (im Deutschen nur Konj. Präs.)

NcI

Athenienses **peti** dicuntur. (Th)	Man sagt, dass die Athener angegriffen werden.
Alcibiades privignus Periclis fuisse dicitur.	Alkibiades soll Perikles' Schwiegersohn gewesen sein.
Alcibiades mysteria facere dicebatur. (A)	Man sagte, Alkibiades würde Mysterien abhalten.
Hoc in Alcibiadem convenire videbatur. (A)	Das schien zu Alkibiades zu passen.
Hannibal Romanos superare potuisse videtur. (H)	Es scheint, als habe (hätte) Hannibal die Römer besiegen können.
Id sine causa arbitrari videbantur. (A)	Sie nahmen das, wie es schien, ohne Grund an.

2.2 Partizip

substantivisch gebraucht

omnes lingua Graeca **loquentes** (A)	alle Griechisch Sprechenden

adjektivisch gebraucht

impendens tempestas (A)	ein drohender Sturm
vir temporibus **sapienter utens** (E)	ein Mann, der sich die Zeitumstände weise zunutze macht

Participium coniunctum

Alcibiades multa secum reputans in Italiam pervectus est. (A)	Alkibiades ist, wobei er viel bei sich überlegte, nach Italien gefahren.
Lacedaemonii **Athenienses multa moenia aedificantes** prohibuerunt. (Th)	Die Lakedaimonier hinderten die Athener beim Bau vieler Mauern (als sie ... bauten).
Hannibal **Alpicos conantes <se> prohibere transitu** concidit. (H)	Hannibal machte die Alpenbewohner, weil sie ihn am Übergang zu hindern versuchten, nieder.

Themistocles e civitate eiectus Argos se contulit. (Th)	Themistokles begab sich, als er aus der Bürgergemeinde verbannt worden war, nach Argos.
caritate patriae **ductus** (A)	von der Liebe zur Vaterstadt geleitet
utilissimum <esse> **ratus** (A)	im Glauben, es sei am nützlichsten
Patriam a triginta tyrannis **oppressam** liberavit. (Thra)	Er hat die von den Dreißig Tyrannen unterdrückte Vaterstadt befreit.
Triginta tyranni **Athenas** servitute **oppressas** tenebant. (Thra)	Die Dreißig Tyrannen hielten Athen im Zustand der Sklaverei.
Ablativus absolutus	
ineunte adulescentia (A)	zu Beginn der Jugendzeit
nullis defendentibus (Th)	ohne dass jemand <die Stadt> verteidigte (wobei keine Leute ... verteidigten)
nullo resistente (H)	ohne jemands Widerstand
praesentibus principibus (H)	unter Anwesenheit der führenden Männer
proelio apud Salamina **facto** (Th)	nach der Schlacht bei Salamis
noctu eruptione facta (Thra)	nachdem nachts ein Ausbruch gemacht worden war
hac pugna pugnata (H)	nach dieser Schlacht (als diese Schlacht geschlagen war)
magna caede facta (E)	wobei sie ein großes Blutbad anrichteten
Gerundium und Gerundivum	
studiosus **audiendi** (E)	eifrig im Zuhören
animum attendere **ad cavendum** (A)	auf Vorsicht bedacht sein
dicendo valere (A)	im Reden stark sein
currendo exerceri (E)	sich im Laufen üben
Attributiv gebrauchtes Gerundivum	
spes provinciae **bene administrandae** (A)	die Hoffnung auf eine gute Verwaltung der Provinz
tempus eius **interficiendi** quaerere (A)	einen Zeitpunkt für seine Ermordung suchen
exspectatio **visendi Alcibiadis** (A)	die Erwartung, Alkibiades zu sehen
ad causam dicendam (A)	zu seiner Verteidigung / um seine Sache zu vertreten
mittere alqm **ad Alcibiadem interficiendum** (A)	jdn. schicken, um Alkibiades zu ermorden
in rebus gerendis (Th)	bei der Ausführung der Taten
Prädikativ gebrauchtes Gerundivum	
Virtus **ponderanda est**. (Thra)	Die Tapferkeit muss beurteilt werden.
Quae **contemnenda sunt**. (E)	Dies muss man verachten.
Haec lectoribus **praecipienda sunt**. (E)	Dies muss man den Lesern vorschreiben.
Non **est infitiandum**. (H)	Man darf nicht leugnen.
Hannibali vita non diutius **retinenda erat**. (H)	Hannibal durfte sich nicht länger an das Leben klammern (... das Leben festhalten)

3. Syntax der subjunktionalen Gliedsätze

Mit Indikativ

quod weil, da	kaus.	**quod** maior existimabatur (A)	weil er als größer galt
postquam nachdem	temp.	**postquam** in periculo esse coepit (Th)	nachdem er in Gefahr zu sein begonnen hatte
ut sobald	temp.	**ut** e nave egressus est (A)	sobald er aus dem Schiff gestiegen war
cum wenn	temp.	**cum** bellum parabis (H)	wenn du zum Krieg rüsten wirst
dum während	temp.	**dum** haec res conficiebatur (H)	während dies vollzogen wurde
ut wie	vergleich.	**ut** ait Thukydides (Th)	wie Thukydides sagt
etsi (tamen ...) wenn auch	konzess.	**etsi** rem male gesserat (Th)	wenn er auch Misserfolg gehabt hatte

Mit Konjunktiv

ut dass, so dass	konsek.	adeo angustum, **ut** (Th)	so eng, dass
		accidit / fit, **ut** (A; Th)	es ereignet sich / geschieht, dass
ut dass; damit	final	hortari, **ut** (Th)	auffordern, dass
		misit, **ut** nuntiaret (Th)	er schickte jdn., damit er meldete
ne dass nicht;	final	condiciones, **ne** (Thra)	Bedingungen, dass nicht
ne damit nicht	final	Egredere, **ne** alios corrumpas! (E)	Verschwinde, damit du nicht andere bestichst!
ne nicht (nach Verb. des Fürchtens)		pertimuit, **ne** (A)	er geriet in Furcht, dass
		verens, **ne** (H)	aus Furcht, dass
cum als; nachdem	temp.	**cum** quaesivissent	als sie gesucht/gefragt hatten
cum da; weil	kaus.	id **cum** libenter accepissem (H)	als ich dies gerne angenommen hatte
		cum plurimum in civitate posset (Thra)	da er sehr viel Einfluss im Staat hatte

Mit Indikativ oder Konjunktiv

si wenn, falls	kondiz.	**si** rex ea vult (E)	wenn der König dies will
nisi wenn / falls nicht	kondiz.	**nisi** invidia civium debilitatus esset (H)	wenn er nicht durch die Missgunst der Bürger geschwächt worden wäre
priusquam ehe, bevor	temp.	**priusquam** classis exiret (A)	bevor die Flotte abfuhr

4. Syntax der indirekten Fragesätze und Relativsätze

4.1 Indirekte Fragesätze

Wortfragen

Videt, **quid** natura efficere *possit.* (A)	Er sieht, was die Natur bewirken kann.
Consulebant, **quidnam** de rebus suis *facerent.* (Th)	Sie fragten um Rat, was sie denn in ihrer Lage machen sollten.
Ex quo intellegi potest, **quantus** ille fuerit. (H)	Daraus kann ersehen werden, wie bedeutend jener gewesen ist.

Satzfragen

Dubito, **an** hunc primum omnium *ponam.* (Thra)	Ich zweifle, ob ich diesen nicht für den Ersten von allen halten soll.
Quaesivit a me, vellem**ne** secum in castra proficisci. (H)	Er fragte mich, ob ich nicht mit ihm ins Militärlager (in den Krieg) ziehen wolle.

4.2 Relativsätze

Verschränkte Relativsätze

Incendio conficere voluerunt <eum>, **quem** manu **superari** *diffidebant.* (A)	Sie wollten den durch Feuer vernichten, von dem sie nicht glaubten, dass er sich im Kampf besiegen lassen würde.
Magnam secum pecuniam portabat, **de qua** sciebat **exisse famam**. (H)	Er trug viel Geld bei sich, worüber sich, wie er wusste, die Kunde verbreitet hatte.

Konjunktivische Relativsätze

... ne essent loca munita, **quae** hostes **possiderent**. (Th)	... es sollte keine befestigten Orte geben, die die Feinde in Besitz nehmen konnten.
Hoc unum satis erit dictum, **ex quo** intellegi **possit**, quantus ille fuerit. (H)	Dies eine wird genug besprochen sein, woraus man wohl ersehen kann, wie bedeutend jener gewesen ist.

Relativischer Satzanschluss

...; **quae** contumelia non fregit eum. (Th)	...; diese Schmach zerbrach ihn nicht.
...; **quo** factum est, ut (Th)	...; so kam es, dass
...; **cuius** de adventu (Th)	...; über dessen Ankunft
...; **quo** nuntio (Th)	...; durch diese Nachricht
...; **qua** de re (A)	...; aus diesem Grund
... amicitia; **quam** si ero adeptus ... (Th)	die Freundschaft; wenn ich diese erlangt habe...

5. Oratio obliqua

Themistocles servum ad regem misit, ut ei nuntiaret suis verbis:	Themistokles schickte einen Sklaven zum König, damit er ihm mit eigenen Worten melde:

Adversarios eius esse in fuga;	Seine Gegner seien auf der Flucht;	HS: Aussagesatz im AcI: *gleichzeitig*
qui si discessissent,	wenn diese abgezogen seien,	Gliedsatz im Konj.
<eum> maiore cum labore ... bellum confecturum <esse>	werde er nur mit größerer Mühe den Krieg beenden,	HS: Aussagesatz im AcI: *nachzeitig*
cum singulos consectari cogeretur;	da er sie einzeln zu verfolgen gezwungen würde;	Gliedsatz im Konj.
quos si statim aggrederetur,	wenn er sie sofort angriffe,	Gliedsatz im Konj.
<eum> brevi universos oppressurum <esse>. (Th)	werde er sie in Kürze alle vernichten.	HS: Aussagesatz im AcI: *nachzeitig*

6. Syntax von Strukturkombinationen

Subj.-Inf. + *AcI*
Scimus ***saltare*** *in vitiis poni*. (E)
Wir wissen, dass Tanzen zu den Fehlern gerechnet wird.

Abl. abs. + ***Gerundium***
tempore **ad comparandum** *dato* (Thra)
da Zeit zur Aufrüstung gegeben war

Rel.-Satzanschluss + *Gerundivum mit esse*
Quae *contemnenda sunt.* (E)
Dies ist zu verachten.

NcI + *Gerundivum mit esse*
Haec praecipienda <esse> lectoribus videntur. (E)
Das scheint den Lesern vorgeschrieben werden zu müssen.

AcI + *Gerundivum mit esse*
Hannibal sensit ***sibi vitam non diutius esse retinendam***. (H)
Hannibal merkte, dass er sich nicht länger ans Leben klammern durfte.

Part. coni. + *AcI*
Hannibal amphoras deponit in templo Dianae ***simulans se suas fortunas illorum fidei credere***. (H)
Hannibal stellt die Amphoren im Tempel der Diana ab, wobei er so tut, als vertraue er sein Vermögen deren Schutz an.

AcI + ***Part. coni. (mit Part. coni.)***

Epaminondam pugnantem sparo ... percussum concidere viderunt. (E)
Sie sahen, dass Epaminondas im Kampf vom Speer ... getroffen zusammenbrach.

Rel.-Satzanschl. **+ GS + AcI**

QUEM ut *barbari incendium effugisse* viderunt, INTERFECERUNT. (A)
Sobald die Barbaren sahen, dass dieser dem Feuer entkommen war, töteten sie ihn.

AcI + **ABL. ABS.** + **Part. coni.** + *AcI (Fut.)*

Pater ***me aram CETERIS REMOTIS tenentem*** **iurare** iussit *me numquam in amicitia cum Romanis fore*. (H)
Der Vater forderte, nachdem er alle anderen zurücktreten hatte lassen, mich auf, mich am Altar festhaltend zu schwören, dass ich niemals mit den Römern in Freundschaft leben werde.

III. Personen und Sachregister

Aegina südlich von Athen gelegene Insel, mit berühmtem Aphaia-Tempel, der der Göttin Athene geweiht war; die Skulpturen des Tempelfrieses, die Aigineten, stehen in der Münchner Glyptothek.

Aeschylus Aischylos, der älteste griech. Tragödiendichter, 6./5. Jh. v. Chr.; berühmt sind seine Trilogie der *Orestie* (*Agamemnon*, *Choephoren*, *Eumeniden*) sowie *Der gefesselte Prometheus*; in seinem Werk *Die Perser* ist die Niederlage des ↗ Xerxes in der Schlacht von ↗ Salamis thematisiert; ↗ Attisches Drama

Akarnanien Westliche Landschaft Mittelgriechenlands

Akropolis Burgstadt von Athen, Sitz der Schutzgöttin Athene, seit dem 2. Jahrtausend bewohnt, unter ↗ Perikles (5. Jh.) mit herrlichen Bauwerken versehen

Alexander d. Gr. 356-323 v. Chr., Sohn Philipps II. von Makedonien, dehnte das Makedonenreich über ganz Griechenland, Ägypten und Asien bis nach Indien aus; Feldzug gegen ↗ Persien (Sieg 333 v. Chr. bei Issos). Nach seinem Tod zerfiel sein Weltreich in die sogenannten Diadochenreiche.

Alcibiades Alkibiades, vornehmer Athener aus altadeliger Familie, 2. Hälfte des 5. Jh.s v. Chr.; im Hause des ↗ Perikles erzogen; von genialer Veranlagung. Er war auf eine erfolgreiche politische Karriere bedacht, doch äußerst wankelmütig im Verhältnis zu seiner Vaterstadt; im ↗ Peloponnesischen Krieg eine der Hauptfiguren, tragisches Ende, ↗ S. 32f.

Alpes Alpen, breiter und hoher Gebirgszug, der Südeuropa vom nördlichen Teil des Kontinents trennt

Antigone Frauengestalt des Mythos, Tochter des Königs Oidipus; sie opferte ihr Leben, weil sie dem Verbot des Königs Kreon von ↗ Theben, dem toten Bruder Polyneikes die Ehre der Bestattung zu erweisen, nicht zu gehorchen bereit war; ↗ S. 67

Aristophanes bedeutendster griech. Komödiendichter, 5. Jh. v. Chr.; berühmt sind seine Werke *Die Wolken*, *Die Frösche* und *Lysistrate*.

Argolis Landschaft im nordöstlichsten Teil der Peloponnes

Argos Hauptstadt der ↗ Argolis

Arkadien Landschaft im Inneren der Peloponnes

Artaxerxes pers. König, der den flüchtigen ↗ Themistokles 449/448 v. Chr. freundlich aufgenommen hat

Artemision nördlichste Küstenstrecke der Insel ↗ Euboia; berühmt durch die Seeschlacht zwischen Griechen und ↗ Persern 480 v. Chr.; ↗ S. 17

Asia der Erdteil Asien, im engeren Sinne Kleinasien

Askese Begriff für eine streng enthaltsame Lebensform zur Verwirklichung sittlicher Ideale

Athenae Athen, Hauptstadt der Landschaft ↗ Attika, seit dem 5. Jh. politisches und kulturelles Zentrum Griechenlands

Attica Attika, Landschaft im Südosten Mittelgriechenlands mit der Hauptstadt ↗ Athen

Attisches Drama literarische Gattung, die sich als ↗ Tragödie oder ↗ Komödie verwirklicht, von bedeutenden Dichtern in ↗ Athen, also innerhalb ↗ Attikas geschaffen; ↗ Aischylos, ↗ Sophokles und ↗ Euripides sind die drei großen Tragödiendichter, ↗ Aristophanes ist der bekannteste Komödiendichter.

Baal höchster Gott ↗ Karthagos, im Osten mit Helios, im Westen mit Jupiter gleichgesetzt

Biografie literarische Gattung; Beschreibung von Leben und Taten berühmter Menschen, ↗ S. 7

Bithynien Kleine Landschaft im Nordwesten Kleinasiens, später Königreich und dann römische Provinz

Boeoti(i) Boioter, Bewohner der Landschaft Boiotien in Mittelgriechenland

Darius Dareios II., erster persischer König; er wollte auch Griechenland unterwerfen, wurde aber in der Schlacht bei ↗ Marathon von den Griechen unter ↗ Miltiades 480 v. Chr. geschlagen.

Delphi Orakelstätte in Mittelgriechenland, dem Gott Apollo geweiht; galt in der Antike als Zentrum der Welt: „Nabel der Welt"

Demaratus Demaratos, griech, Söldner im pers. Heer des ↗ Xerxes; führt im Werk des Historikers ↗ Herodot das berühmte „Demaratos-Gespräch" mit dem Herrscher über die Werte Griechenlands („Freiheit und Weisheit verbunden mit einem starken Gesetz")

Demokratie „Herrschaft des Volkes", eine Staatsform, die von den Griechen in ↗ Athen entwickelt worden ist und unter ↗ Perikles dort die erste große Blüte hatte

Despotie Herrschaft eines mächtigen Mannes ohne Freiheit der Untergebenen, wie es bei den ↗ Persern der Fall war; später allgemein „Gewalt-, Willkürherrschaft"

Diana griech. Artemis, Göttin der Jagd und Herrin des Wilds, Tochter des Zeus und der Latona, Schwester Apollos

dies ater ↗ Schwarzer Tag, Unglückstag, an dem die Römer am 18. Juli 387 v. Chr. unmittelbar in der Nähe Roms von den Galliern vernichtend geschlagen wurden; die totale Einnahme der Stadt konnte daraufhin nur durch das Warngeschnatter der ↗ „Kapitolinischen Gänse" verhindert werden.

Dreißig Tyrannen Von ↗ Sparta nach dem Ende des ↗ Peloponnesischen Krieges 404 v. Chr. eingesetzte Regenten, die eine „tyrannische" Schreckensherrschaft ausübten; ↗ S. 47, 52

Elis griech. Landschaft auf der Peloponnes, in der ↗ Olympia liegt

Epaminondas theban. Staatsmann und Feldherr des 4. Jh.s v. Chr.; Erfinder der Taktik der ↗ Schiefen Schlachtordnung; besiegte die ↗ Spartaner in der Schlacht bei ↗ Leuktra 371 v. Chr. und bei ↗ Mantineia 352 v. Chr., wo er gefallen ist.

Euboea Euboia, griech. Insel, im Osten unmittelbar vor ↗ Attika gelegen

Euripides der jüngste der attischen Tragödiendichter (5. Jh. v. Chr.), dessen Werke *Medea* und *Bacchen* noch heute sehr bekannt sind; ↗ Attisches Drama

Europa schon in der Antike als einer der Kontinente bekannt, allerdings erst spät in den gleichen geografischen Grenzen wie heute festgelegt; benannt nach der phönikischen Königstochter „Europa"

Eurybiades spartan. Oberbefehlshaber der hellenischen Flotte in den Seeschlachten bei ↗ Artemision und ↗ Salamis

Q. Fabius Maximus röm. Heerführer im Krieg gegen ↗ Hannibal; wandte als Diktator eine „Ermattungsstrategie" gegen Hannibal an, indem er den Feind ständig hinhielt und es nicht zu einer Entscheidungsschlacht kommen ließ; hieß deshalb mit Beinamen auch der „Zauderer" (*Cunctator*).

Furor Teutonicus „Teutonische Raserei", eine traumatische Vorstellung, die die Römer seit dem Einfall der ↗ Kimbern und ↗ Teutonen von den Germanen hatten; eine noch heute übliche Schreckensmetapher

Hamilcar Hamilkar, karthagischer Feldherr, Vater ↗ Hannibals

Hannibal 246-193 v. Chr., karthagischer Heerführer, größter Gegner Roms zu allen Zeiten; ist von den Römern in Italien nicht besiegt worden; unterlag erst ↗ Publius Cornelius Scipio Africanus maior in Nordafrika; starb in der Verbannung in Kleinasien; ↗ S. 90 f.

Hegemonie griech. Begriff für „Vorherrschaft"; in Griechenland kämpften ↗ Athen und ↗ Sparta lange Zeit darum

Hellespont Meerenge zwischen Thrakien in Nordgriechenland und Kleinasien, zugleich Grenze zwischen ↗ Asien und ↗ Europa

Hercules Herakles, griech. Sagenheld, Sohn des Zeus und der Königsgattin Alkmene, insofern ein Halbgott; er musste im Auftrag des Herrschers von Mykene Eurystheus zwölf schwierige Arbeiten verrichten: „Die Taten des Herkules".

Herme eine Statue des Hermes, bei der nur der Kopf ausgearbeitet ist; solche Hermen standen in ↗ Athen auf mehreren öffentlichen Plätzen oder vor den Eingängen von Tempeln und Häusern.

Herodot griech. Historiker, „Vater der Geschichtsschreibung", 5. Jh. v. Chr.; sein Werk umfasst nach einer späteren Einteilung neun Bücher, die nach den „neun Musen" benannt worden sind; Hauptgegenstand seiner Darstellung ist die Auseinandersetzung zwischen Griechenland und ↗ Persien

Hipponicus Hipponikos, griech. ↗ Stratege, Schwiegervater des ↗ Alkibiades

Horatius Horaz, 65-8 v. Chr., röm. Dichter der augusteischen Zeit, einer der Autoren Roms mit der stärksten Nachwirkung auf ↗ Europa; bekannt sind bes. seine lyrischen Gedichte und Satiren

Jonien Gebiet an der Westküste Kleinasiens, von griechischen Siedlern kolonisiert; Heimat vieler griechischer Denker wie Thales, Heraklit, ↗ Herodot

Karthago von den Phönikern schon im 2. Jahrtausend v. Chr. gegründete Stadt in Nordafrika; Hauptstadt der Karthager (Punier), die sich im 3./2. Jh. v. Chr. unter ↗ Hannibal als die größten Rivalen und Feinde Roms erwiesen; 146 v. Chr. von den Römern völlig zerstört

Kapitolinische Gänse der Sage nach Gänse auf dem Kapitol in Rom, die die schlafenden Wächter vor den nachts angreifenden Galliern durch ihr Geschnatter warnten und so Roms Stadtburg und religiöses Zentrum vor der Einnahme und Vernichtung retteten; ↗ *dies ater*

Kekrops sagenhafter König und Stammvater der Athener

Kerkyra auch Korkyra genannt, griech. Insel im Norden des jon. Meeres, heute Korfu

Kimbern und Teutonen german. Völker, die im 2./1. Jh. v. Chr. über die ↗ Alpen nach Italien eingefallen sind und dort Furcht und Schrecken verbreitet haben; sie sind vom röm. Konsul Marius geschlagen worden. Trotzdem litten seitdem die Römer und später auch die Italiener unter dem Angsttrauma des ↗ Furor Teutonicus, der „Teutonischen Raserei".

Kithara griech. Saiteninstrument

Kithairon das westliche Grenzgebirge zwischen ↗ Attika und Boiotien in Mittelgriechenland

Kleinias Vater des ↗ Alkibiades, aus dem hochadeligen Geschlecht der Eumolpiden stammend

Komödie eine der beiden Formen der dramatischen Dichtung: das Lustspiel; bedeutendster griech. Vertreter ist ↗ Aristophanes

Korinth griech. Stadt, an der Grenze zwischen Mittelgriechenland und der Peloponnes gelegen: am Golf von ↗ Korinth

Kritias ursprünglich Schüler des ↗ Sokrates, später ultraradikaler Angehöriger der ↗ Dreißig Tyrannen, der mit blutigem Terror gegen die Demokraten in ↗ Athen vorging

Lacedaemon Lakedaimon, anderer Name für ↗ Sparta, dessen Einwohner „Lakedaimonier" hießen

Lacedaemonii griech. Lakedaimonier, Bewohner ↗ Spartas

Leonidas spart. König, der zusammen mit 300 ↗ Spartanern und einigen Tausend Bundesgenossen an den ↗ Thermopylen nach heldenhaftem Kampf gegen die persische Übermacht gefallen ist

Leuktra Ebene in Boiotien, einer Landschaft in Mittelgriechenland, auf der ↗ Epaminondas 371 v. Chr. eine erfolgreiche Schlacht gegen die ↗ Spartaner geschlagen hat; ↗ Schiefe Schlachtordnung

Livius röm. Historiker, 59-17 v. Chr., sein Werk *Ab urbe condita* umfasste 142 Bücher, die die gesamte römische Geschichte bis zur Zeit des Augustus umfasste; davon sind allerdings nur 35 Bücher (u.a. mit der Geschichte des Krieges gegen ↗ Hannibal) erhalten.

Magnesia Stadt im südwestlichen Kleinasien; 465 v. Chr. Zufluchtsort des verbannten ↗ Themistokles

Mantinea Mantineia, Stadt in Arkadien auf der Peloponnes; auf der Ebene von Mantineia fand 352 v. Chr. die Schlacht zwischen ↗ Epaminondas und den ↗ Spartanern statt, in der der Thebaner sein Leben verlor.

Marathon Kleine Strandebene in ↗ Attika, auf der am 12. Sept. 490 v. Chr. die Athener unter ↗ Miltiades die angreifenden ↗ Perser schlugen; der „Marathonläufer" meldete nach einem ca. 40 km langen Lauf den Sieg nach ↗ Athen.

Miltiades Athenischer Adliger, der 490 v. Chr. ↗ Stratege war, als er die ↗ Perser in der Schlacht bei ↗ Marathon besiegte.

Monarch griech. Begriff für „Alleinherrscher"

Nike griech. Göttin des Sieges, lat. Victoria

Niketempel Tempel zu Ehren der ↗ Nike auf der ↗ Akropolis in ↗ Athen; ↗ S. 28

Oedipus griech. Oidipus, sagenhafter König von ↗ Theben; Dramengestalt der sophokleischen ↗ Tragödie *Oidipus tyrannos*; ↗ S. 67

Oligarchen Anhänger der Staatsform der Oligarchie, der „Herrschaft weniger", also einer bevorrechtigten Klasse, nämlich des Geburts- oder Geldadels; sie standen in Opposition zu den Demokraten.

Olympia Ort in der Landschaft ↗ Elis im Nordwesten der Peloponnes; Kampfstätte der „Olympischen Spiele"

Ostrakismos ↗ Scherbengericht, bei dem ein ungeliebter Bürger durch Abstimmung mit Tonscherben, auf die sein Name geschrieben wurde, aus ↗ Athen verbannt werden konnte

Peloponnesischer Krieg 431-404 v. Chr.: kriegerische Auseinandersetzung der Athener und ↗ Spartaner um die ↗ Hegemonie in Griechenland

Perikleisches Zeitalter Länger andauernde Epoche in ↗ Athen unter der politischen Führung des ↗ Perikles (von ca. 450 bis 429 v. Chr.) mit kultureller Hochblüte auf nahezu allen Gebieten, bes. in der Kunst, Architektur und Literatur

Pelopidas theban. Politiker und Feldherr, Freund des ↗ Epaminondas

Perikles bedeutendster griech. Staatsmann, ca. 500-429 v. Chr., aus dem Adelsgeschlecht der Alkmaioniden stammend, führte die ↗ Demokratie in Athen zum Sieg und ↗ Athen zur ↗ Hegemonie in Griechenland (was freilich mit Anlass zum ↗ Peloponnesischen Krieg wurde); unter ihm höchste Blüte der griech. Kultur

Perser Drama des ersten griech. Tragödiendichters ↗ Aischylos, in dem die Niederlage des ↗ Xerxes gegen die Griechen bei ↗ Salamis 480 v. Chr. zum Thema gemacht ist

Persien Großreich der Perser in ↗ Asien, das unter den Königen Kyros, ↗ Dareios und ↗ Xerxes seinen Höhepunkt erreichte; wurde im 4. Jh. v. Chr. von ↗ Alexander dem Großen unterworfen

Pharnabazus Pharnabazos, pers. ↗ Satrap (Provinzverwalter) in Kleinasien, nahm ↗ Alkibiades 404 v. Chr. bei sich auf und ließ ihn auf Betreiben der ↗ Spartaner ermorden.

Philosophie griech. Begriff für „die Liebe zur Weisheit", also das Streben nach Erkenntnis und Wahrheit in Fragen des Welt- und Lebensverständnisses und der sozialen wie auch individuellen Orientierung des Menschen

Piraeus Peiraieus, der größte Hafen ↗ Athens, von ↗ Themistokles angelegt; durch die „langen Mauern" mit der Hauptstadt verbunden, ↗ S. 25

Plutarch griech. Biograf, 46-120 n. Chr.; sein bekanntestes Werk sind die *Parallelen Lebensbeschreibungen*, in denen jeweils einem Römer ein Grieche gegenübergestellt ist; 46 davon sind erhalten.

Prusias König von ↗ Bithynien in Kleinasien, 3./2. Jh. v. Chr.; gewährte dem von den Römern verfolgten ↗ Hannibal Asyl; ↗ S. 90 f.

Pyrenäen langer und hoher Gebirgszug, der Spanien von Gallien trennt

Pyrrhussieg „höchst verlustreicher, fast einer Niederlage gleichkommender Sieg", den Pyrrhus, der König von Epirus, in Süditalien gegen die Römer im 3. Jh. v. Chr. errungen hat

Pythagoras griech. Philosoph und Mathematiker („pythagoreischer Lehrsatz"), aus Samos, 6. Jh. v. Chr.

Pythia Priesterin in ↗ Delphi, im Dienste des Orakelgottes Apollo; erteilte den um Rat Suchenden die Orakel

Rhetorik griech. Begriff für „Redekunst"

Salamis griech. Insel vor der Küste ↗ Attikas; in der Meerenge zwischen ihr und dem Festland schlugen die Griechen 480 v. Chr. unter Führung des ↗ Themistokles die ↗ Perser.

Satrap pers. Beamter, der vom König in einer Satrapie (Provinz), wovon es zwanzig gab, als Verwalter mit hohen Befugnissen eingesetzt wurde

Scherbengericht ↗ Ostrakismos

Schiefe Schlachtordnung von ↗ Epaminondas erfundene neue Taktik der Schlachtordnung, bei der der linke Flügel eine 50 Mann tiefe Angriffsformation aufweist, ↗ S. 70

Schwarzer Tag ↗ *dies ater*, ↗ S. 74

Scipio, Publius Cornelius Beiname: Africanus maior, 202 v. Chr. Sieger über ↗ Hannibal in der Schlacht bei Zama in Nordafrika; daraufhin in Rom wie ein König verehrt

Servius-Wall von König Servius Tullius errichtete, älteste Befestigung Roms

Sizilische Expedition militärische Expedition der Athener gegen Sizilien, 415 v. Chr. während des ↗ Peloponnesischen Krieges, auf Anraten des ↗ Alkibiades; nahm einen katastrophalen Ausgang für ↗ Athen.

Sokrates griech. Philosoph, 469-399 v. Chr., mit der wohl größten Ausstrahlung in ↗ Europa; Begründer der philosophischen Ethik; machte sich durch seine kompromisslose und kritische Suche nach Wahrheit bei der politischen Führung in ↗ Athen unbeliebt; wurde nach Anklage und Verurteilung hingerichtet; sein bedeutendster Schüler ist Platon.

Solonische Reformen von Solon, dem Staatsmann und Gesetzgeber, im 6. Jh. v. Chr. durchgeführte Reformen, mit denen er vor allem die Unterschiede zwischen Reichen und Armen verringern wollte

Sophisten griech. „Weisheitslehrer", die für Honorar ihr Wissen lehrten; mit oft radikalen Bildungszielen (z.B. in der ↗ Rhetorik oder Ethik)

Sophokles einer der drei großen attischen Tragödiendichter; 5. Jh. v. Chr., seine bedeutendsten Werke sind *Oidipus tyrannos* („König Ödipus") und *Antigone*, ↗ Attisches Drama

Sparta griech. Stadt auf der Peloponnes, Hauptstadt der ↗ Lakedaimonier, größter Konkurrent ↗ Athens um die ↗ Hegemonie in Griechenland

Spartaner anderer Name für ↗ Lakedaimonier, Bewohner von ↗ Sparta

Stratege griech. Begriff für „Feldherr", „Oberbefehlshaber", hoher athen. Beamter

Suffeten semit. Begriff für „Richter"; in ↗ Karthago die zwei höchsten Beamten, die auf ein Jahr gewählt wurden

Syrakus von Griechen im 8. Jh. v. Chr. gegründete Stadt in Sizilien; politisches, kulturelles und geistiges Zentrum der Insel, die später röm. Provinz wurde

Teutonen ↗ Kimbern

Theben Hauptstadt von Boiotien in Mittelgriechenland; unter ↗ Epaminondas zu einer der führenden Mächte in Griechenland geworden; mit Militärakademie, an der Philipp von Makedonien, der Vater ↗ Alexanders des Großen ausgebildet wurde; im Mythos Zentrum des „Thebanischen Sagenkreises", in dem König ↗ Ödipus und ↗ Antigone eine herausragende Rolle spielen; ↗ S. 67.

Themistokles athen. Staatsmann und Feldherr; Führer der Griechen im erfolgreichen Abwehrkampf gegen die ↗ Perser; Sieg in der Seeschlacht von ↗ Salamis 480 v. Chr.; starb 459 v. Chr. in der Verbannung; ↗ S. 30 f.

Theopompos griech. Redner und Historiker, 4. Jh. v. Chr.; sein Werk *Hellenika* setzt das Werk des ↗ Thukydides fort.

Theramenes athen. Politiker, Aristokrat; einer der Urheber der Revolution gegen die ↗ Demokratie 411 v. Chr.; einer der ↗ „Dreißig Tyrannen", aber von gemäßigter Haltung

Thermopylen Engpass in Mittelgriechenland zwischen dem Meer und dem steilen Oitagebirge; hier fand der heldenhafte, aber erfolglose Abwehrkampf der Griechen unter Führung des ↗ Leonidas gegen die pers. Landstreitkräfte 480 v. Chr. statt; ↗ S. 16.

Thrasybulos athen. Staatsmann, Führer der Demokraten am Ende des ↗ Peloponnesischen Krieges; stellte 403 v. Chr. die von den ↗ Spartanern beseitigte ↗ Demokratie wieder her; ↗ S. 51 ff.

Thukydides bedeutendster griech. Historiker, 5. Jh. v. Chr.; beschrieb den ↗ Peloponnesischen Krieg bis 411 v. Chr. (Fortsetzung durch ↗ Theopomp); gilt noch heute als Vorbild für die Geschichtswissenschaft.

Thurii Thurioi, griech. Stadt in Unteritalien, die von ↗ Perikles gegründet worden ist

Tragödie „Trauerspiel", eine der beiden Formen des ↗ Attischen Dramas, bedeutendste griech. Vertreter sind ↗ Aischylos, ↗ Sophokles und ↗ Euripides.

Triere „Dreiruderer", häufigster Kriegsschiffstypus der Griechen in klass. Zeit; mit drei Decks übereinander, die 200 Ruderern Platz boten; äußerst manövrierfähig; ermöglichte ↗ Themistokles den Seesieg über die ↗ Perser bei ↗ Salamis; ↗ S. 17

Tritogeneia Beiname der Athena; Bedeutung unerklärbar

Troizen Stadt in der Landschaft ↗ Argolis im Nordosten der Peloponnes

Tyrtaios griech. Dichter in ↗ Sparta im 7. Jh. v. Chr.; schuf vor allem Elegien, mit denen er die ↗ Lakedaimonier zu tapferem Kampf und spartanischer Gesinnung erziehen wollte

Xenophon griech. Schriftsteller, vor allem Historiker, 5./4. Jh. v. Chr., in seiner Jugend zum Freundeskreis des ↗ Sokrates gehörend, seine *Hellenische Geschichte* stellt die griech. Geschichte im Anschluss an ↗ Thukydides dar.

Xerxes pers. König, der 480 v. Chr. Griechenland zu Wasser und zu Lande angegriffen hat, aber in der Schlacht bei ↗ Salamis von den Griechen unter ↗ Themistokles geschlagen wurde

IV. Weiterführende Literatur in Auswahl

1. Wissenschaftliche und fachdidaktische Literatur

BENGTSON, H.: Griechische Staatsmänner des 5. und 4. Jahrhunderts v. Chr., München 1983.

BIEDERMANN, M. UND R.: De Alcibiade Atheniensi Tragicomoedia. In: Anregung 37 (1991), 150-152.

BRODERSEN, K. (HRSG.): Große Gestalten der griechischen Antike. 58 historische Portraits von Homer bis Kleopatra, München 1999.

CHRIST, K. (HRSG.): Hannibal. WdF Darmstadt 1974.

DAVIS, J. K.: Das klassische Griechenland und die Demokratie, München 1991.

DERS.: Der Altsprachliche Unterricht: De viris illustribus. Jg. 46, Heft 2, 2/2003.

ELLER, K.-H.: Nepos-Lektüre. In: Höhn, W./ Zink, N.: Handbuch für den Lateinunterricht. Sekundarstufe 1, Frankfurt a. M. 1987, 209-221.

GLÜCKLICH, H.-J./REITZER, ST.: Die Hannibalbiographie des Nepos im Unterricht, Göttingen 1985.

GRANT, M.: Die klassischen Griechen. Die Blüte der hellenischen Kultur von Miltiades bis Aristoteles, Augsburg 1997.
HÖLKESKAMP, K.-J./STEIN-HÖLKESKAMP, E. (HRSG.): Von Romulus zu Augustus. Große Gestalten der römischen Republik, München 2000.
HOLZBERG, N.: Literarische Tradition und politische Aussage in den Feldherrnviten des Cornelius Nepos. In: Anregung 35 (1989), 14-27.
NIPPEL, W.: Virtuosen der Macht. Herrschaft und Charisma von Perikles bis Mao, München 2000.
MAIER, F.: Eine Szene mit weltgeschichtlichen Folgen. Hannibals Eid auf die ewige Feindschaft mit Rom. In: Auxilia 18, Bamberg 1988, 18-32.
MEIER, CHR.: Athen. Ein Neubeginn der Weltgeschichte, Berlin 1993.
MÜLLER, J.-F./MÜLLER, S./RICHTER, T.: Die Hannibal-Tragödie des Cornelius Nepos. In: AU 43/6 (2000), 49-60.
PAPASTAVROU, J.: Themistokles. Die Geschichte eines Titanen und seiner Zeit. Erträge der Forschung, Bd. 92, Darmstadt 1978.
PAYNE, R.: Der Triumph der Griechen. Das antike Griechenland und seine Kultur, Stuttgart 1966.
RIEGER, E.: Nepos. Eine Möglichkeit der ersten Originallektüre. In: Handreichungen zum Lektüreunterricht in den Jgst. 8-11, ISB München 1984, 45-64.
SCHÖNBERGER, O.: Politische Erziehung bei der lateinischen Anfangslektüre, Cornelius Nepos, Alcibiades Kap. 9 und 10. In: Anregung 22 (1976), 13-16.
DERS.: Von Nepos bis zum Neuen Testament. Interpretationen lateinischer Prosatexte. In: AUXILIA 14, 1986, 3-22.
SEIBERT, J.: Hannibal, Darmstadt 1993.
STOLZ, CHR.: Interpretationsbeispiele zu C. Nepos. In: AU 13/3 (1970), 19-42.
WELWEI, K.-W.: Das klassische Athen. Demokratie und Machtpolitik im 5. und 4. Jahrhundert, Darmstadt 1999.

2. Literatur für die Hand der Schülerinnen und Schüler

BAUMANN, H.: Ich zog mit Hannibal, München 1984.
FERNAU, J.: Rosen für Apoll, Berlin/München 1961.
LANCEL, S.: Hannibal. Die Biografie, Düsseldorf 2000.
PAYNE, R.: Der Triumph der Griechen, Stuttgart 1966.
ROSEN, K.: Griechische Geschichte erzählt. Von den Anfängen bis 338 v. Chr., Darmstadt 2000.
STÖVER, H. D.: Große Gegner Roms. Hannibal – Mithridates – Spartacus – Vercingetorix – Arminius, Würzburg 1994.
ZIERER, O.: Das Scherbengericht. In: 4000 Jahre erzählte Geschichte, Würzburg 1987, 42-44.

Inhalt